KRONIKI KREMOWEGO PUDU

opanuj sztukę robienia kremowych ptysiów dzięki 100 przepisom krok po kroku

Tadeusz Nowakowski

Prawo autorskie Materiał ©202 3

Wszystko Prawa Skryty .

NIE część z Ten książka móc Być używany Lub przekazywane W każdy formularz Lub przez każdy oznacza bez the właściwy pisemny zgoda z the wydawca I Prawo autorskie właściciel, z wyjątkiem Do krótki cytaty używany W A recenzja. Ten książka powinien nie Być uważany za A zastąpić Do medyczny, prawny, Lub Inny profesjonalny rada.

SPIS TREŚCI

SPIS TREŚCI	3
WSTĘP	6
PUFY Z KREMEM OWOCOWYM	**7**
1. Ptysie z kremem malinowym	8
2. Ptysie z kremem truskawkowym	10
3. Ptysie z kremem cytrynowym	13
4. Ptysie z kremem jagodowym	15
5. Ptysie z kremem kokosowym	17
6. Ptysie z kremem szwarcwaldzkim	19
7. Kremowe ptysie Craquelin	21
8. Ptysie z kremem truskawkowo-mango	24
9. Ptysie z kremem cytrynowym	28
10. Ptysie z kremem cynamonowo-jabłkowym	31
11. Ptysie z kremem mandarynkowo-pomarańczowym	35
12. Ptysie z kremem z galaretką liczi	39
PUFKI Z KAWĄ I HERBATEM	**42**
13. Ptysie z kremem kawowym	43
14. Ptysie z kremem z zielonej herbaty Matcha	45
15. Ptysie z kremem mokka	47
16. Ptysie z herbatą mleczną i kremem kawowym	49
17. Ptysie Earl Grey i Ciemna Czekolada	53
18. Ptysie z kremem Dalgona	57
19. Ptysie z kremem w sosie espresso	60
20. Ptysie z kremem Chai	63
ORZECHOWE KREMOWE PUFY	**66**
21. Ptysie z kremem migdałowym	67
22. Praliny z kremem orzechowym	69
23. Ptysie z kremem z orzechów laskowych i prażonych pianek marshmallow	71
24. Ptysie z kremem pistacjowym	75
25. Ptysie z kremem pistacjowo-malinowym	77
26. Ptysie pralinowe	79
27. Ptysie z kremem z ciasta orzechowego	83
PUFY Z KREMEM SEROWYM	**86**
28. Kremowe Ptysie z Koziego Sera	87
29. Ptysie z sernikiem truskawkowym	90
30. Sernik Kabocha Ptyś z Kremem	92
31. Ptysie z szynką i serem	95
PUFKI Z KREMEM CZEKOLADOWYM	**98**
32. Ptysie z gorącą czekoladą	99
33. Ptysie z kremem z masłem orzechowym Reese's	102
34. Ptysie z kremem czekoladowym	105
35. Ptysie z kremem pomarańczowo-białej czekolady	107
36. Ptyś z bitą czekoladą i orzechami laskowymi	109
37. Ciasteczka i kanapki z kremem	112

KREMOWE PUFY KARMELOWE **115**
   38. Ptysie z solonym karmelem 116
   39. Ptysie z kremem karmelowo-jabłkowym 120
   40. Ptysie z kremem karmelowym Bourbon 123
   41. Ptysie czekoladowo-karmelowe 126
   42. Ptysie z kremem karmelowym i tiramisu 129
   43. Ptysie Wiśniowo-Karmelowe 132
   44. Ptysie z kremem kukurydzianym w karmelu 135
   45. Ptysie z kremem Dulce de Leche 138
KWIATOWE KREMOWE PUFY **141**
   46. Ptysie z kremem truskawkowym Sakura 142
   47. Ptysie z kremem miodowo-lawendowym 145
   48. Ptysie z kremem różano-kardamonowym 148
   49. Bułeczki Choux z truskawkami i kwiatami czarnego bzu 152
   50. Ptysie z kremem malinowo-różowym 155
PROFITEROLE **158**
   51. Profiteroles z ziaren wanilii 159
   52. Choc 'n' Spice Profiteroles 162
   53. Czekoladowe Profiteroles 165
   54. Profiteroles z sorbetem malinowym i sosem czekoladowym 167
   55. Tiramisu Profiteroles 170
   56. Słodkie Profiteroles 173
   57. Mokka Profiteroles 175
   58. Foie Gras Profiteroles 177
   59. Profiteroles z lodami Bourbon 179
   60. Sernik truskawkowy Profiteroles 182
   61. Profiteroles z sosem toffi 184
   62. Mango Kokosowe Profiteroles 187
   63. Profiteroles z jagodami i cytryną 189
   64. Pikantne Ziołowe Profiteroles 191
   65. Profiteroles z malinowej czekolady 193
   66. Krem kawowy Profiteroles 195
   67. Herbata Earl Grey Profiteroles 197
   68. Profiteroles z sera pleśniowego i orzechów włoskich 199
   69. Zielona herbata Matcha Profiteroles 201
   70. Profiteroles z czekolady orzechowej 203
   71. Profiteroles ananasowo-kokosowy rum 205
   72. Profiteroles z ciemnej czekolady i maliny 207
   73. Praliny migdałowe Profiteroles 209
   74. Profiteroles z białej czekolady makadamia 211
   75. Profiteroles z miętowej czekolady 213
   76. Profiteroles z sera klasycznego 215
   77. Cheddar i boczek Profiteroles 217
   78. Profiteroles przyprawy Chai 219
   79. Pistacje Gelato Profiteroles 221
   80. Profiteroles z mlecznej czekolady i orzechów laskowych 224

81. Profiteroles z białą czekoladą i kokosem 226
82. Precel Solony Karmel Profiteroles 228
83. Profiteroles z pesto i parmezanem 230
84. Kubek z masłem orzechowym Profiteroles 232
85. Karmelowe Espresso Profiteroles 234
86. Lody Profiteroles 236
87. Profiteroles na drodze kamienistej 239
88. Profiteroles z kwiatu pomarańczy i białej czekolady 242
89. Profiteroles chrupiące toffi 244
90. Klasyczne karmelowe Profiteroles 246
91. Orzech Karmelowy Profiteroles 248
92. Profiteroles z czekolady pomarańczowej 250
93. Profiteroles solony karmel i pekan 252
94. Profiteroles z karmelowo-jabłkowym 254
95. Precel czekoladowo-karmelowy Profiteroles 256
96. Profiteroles z miodem lawendowym 258
97. Woda różana i pistacje Profiteroles 260
98. Profiteroles z rumu i kokosa 262
99. Chipotle Caramel Pecan Profiteroles 264
100. Habanero Mango Bita Śmietana Profiteroles 266

WNIOSEK **268**

WSTĘP

Witamy w Kronikach kremowych ptysiów: opanuj sztukę robienia kremowych ptysiów dzięki 100 przepisom krok po kroku. W świecie deserów niewiele smakołyków wywołuje takie samo poczucie delikatnej rozkoszy jak ptysie z kremem — te eteryczne wypieki, które od pokoleń podbijają serca i kubki smakowe miłośników deserów. Ta książka to Twój paszport do czarującego świata ptysiów i zaprasza Cię w zachwycającą kulinarną podróż wypełnioną zarówno klasycznymi, jak i innowacyjnymi przepisami.

Na tych stronach nie tylko odkryjesz sekrety przygotowania idealnego ciasta parzonego, ale także opanujesz sztukę tworzenia różnorodnych pysznych nadzień. Od aksamitnych kremów po jedwabiste kremy i wszystko pomiędzy, „KRONIKI KREMOWEGO PUDU" to kompleksowy przewodnik po tworzeniu doskonałego kremu Puff. Niezależnie od tego, czy jesteś doświadczonym piekarzem pragnącym udoskonalić swoje umiejętności, czy nowicjuszem w kuchni chcącym odkrywać świat ciastek, ta książka zapewnia narzędzia i wiedzę, dzięki którym możesz ulepszyć swoją grę w ptysie.

Przeglądając te 100 przepisów krok po kroku, nie tylko zdobędziesz umiejętności odtwarzania klasyków, ale także znajdziesz inspirację do przesuwania granic kreatywności w zakresie ptysiów. Każdy przepis to starannie opracowane badanie sztuki równoważenia smaków, tekstur i prezentacji, dzięki czemu Twoje ptysie z kremem będą nie tylko pyszne, ale także oszałamiające wizualnie.

Przygotuj się na przeniesienie do świata ptysiów z kremem, gdzie wyobraźnia nie zna granic, a rezultaty są po prostu niezwykłe. Razem wyruszmy w tę cudowną przygodę, odkrywając magię ptysiów z kremem – jeden wyśmienity kęs na raz. Niezależnie od tego, czy pieczesz na specjalną okazję, czy po prostu delektujesz się słodką chwilą, KRONIKI KREMOWEGO PUDU obiecuje, że będzie Twoim zaufanym towarzyszem w dążeniu do perfekcji ciasta. Miłego pieczenia!

PUFY Z KREMEM OWOCOWYM

1. Ptysie z kremem malinowym

SKŁADNIKI:
- 1 szklanka wody
- ½ szklanki niesolonego masła
- 1 Mąkę o wszechstronnym przeznaczeniu
- 4 duże jajka
- ¼ łyżeczki soli
- 1 szklanka gęstej śmietanki
- ½ szklanki dżemu malinowego

INSTRUKCJE:
a) Rozgrzej piekarnik do 220°C (425°F).
b) W rondlu zagotuj wodę, sól i masło.
c) Mieszaj mąkę, aż powstanie gładkie ciasto.
d) Zdjąć z ognia, lekko ostudzić.
e) Dodawaj jajka, jedno po drugim, dobrze mieszając po każdym.
f) Nakładać łyżką na blachę do pieczenia.
g) Piec 20-25 minut.
h) Ubijaj gęstą śmietanę, aż powstanie sztywna piana.
i) Ptysie przekrój na pół i wypełnij konfiturą malinową i bitą śmietaną.

2. Ptysie z kremem truskawkowym

SKŁADNIKI:
DLA CRAQUELINA:
- 150 g miękkiego masła
- 150 g cukru pudru
- 180g mąki
- ½ łyżeczki wanilii
- 1 łyżeczka różowego barwnika spożywczego

NA KREMOWE PUFY:
- 1 szklanka wody
- ½ szklanki masła, pokrojonego w kostkę
- 1 Mąkę o wszechstronnym przeznaczeniu
- 4 jajka

NA KREM POMARAŃCZOWY I TRUSKAWKĘ :
- ½ szklanki mleka
- ½ szklanki śmietany
- 2 łyżki cukru
- 2 żółtka
- 2 łyżki cukru
- ½ szklanki pokrojonych w kostkę truskawek

INSTRUKCJE:
ZROB CRAQUELIN:
a) Masło i cukier utrzeć do białości. Dodaj esencję waniliową i różowy barwnik spożywczy. Dobrze wymieszaj. Dodać mąkę i wszystko połączyć. Rozwałkuj pastę na grubość 1 cala na blasze do pieczenia i zamrażaj na 30 minut. Po schłodzeniu wycinamy 3-calowe kółka.

b) Rozgrzej piekarnik do 200°C i wyłóż blachę do pieczenia papierem pergaminowym.

PRZYGOTOWAĆ ciasto na bułeczki:
c) Zagotuj wodę i masło. Zdjąć z ognia i dodać na raz całą mąkę. Energicznie mieszaj, aż uformuje się kula. Postaw rondelek na małym ogniu i gotuj przez 3-5 minut. Zdjąć z ognia i pozostawić do ostygnięcia.

d) Dodawać po jednym jajku, dobrze miksując po każdym dodaniu. Ciasto przełożyć do rękawa cukierniczego i wyciskać kulki na blasze.

e) Piec 10 minut, następnie zmniejszyć temperaturę do 165°C i piec kolejne 20 minut, aż ciasto się zarumieni. Nie otwieraj drzwi piekarnika podczas pieczenia.

f) Gdy bułki ostygną, przygotuj **NADZIENIE:** w misce utrzyj żółtka z cukrem. W rondelku zagotuj mleko i śmietanę, następnie dodaj wanilię. Powoli dodawaj mieszankę mleczną do masy żółtkowej, cały czas ubijając. Gotuj, aż na wierzchu zaczną pojawiać się bąbelki. Zdejmij z ognia, w razie potrzeby odcedź i pozostaw do ostygnięcia. Dodać skórkę pomarańczową i wymieszać z pokrojonymi w kostkę truskawkami.

g) Napełnij kremowe ptysie nadzieniem pomarańczowo-truskawkowym. Natychmiast podawaj. Ciesz się ptysiami z kremem truskawkowym!

3. Ptysie z kremem cytrynowym

SKŁADNIKI:
- 1 szklanka wody
- ½ szklanki niesolonego masła
- 1 Mąkę o wszechstronnym przeznaczeniu
- 4 duże jajka
- ¼ łyżeczki soli
- 1 szklanka lemon curd
- Cukier puder do posypania

INSTRUKCJE:
a) Rozgrzej piekarnik do 220°C (425°F).
b) W rondlu zagotuj wodę, sól i masło.
c) Mieszaj mąkę, aż powstanie gładkie ciasto.
d) Zdjąć z ognia, lekko ostudzić.
e) Dodawaj jajka, jedno po drugim, dobrze mieszając po każdym.
f) Nakładać łyżką na blachę do pieczenia.
g) Piec 20-25 minut.
h) Po ostygnięciu wypełnić lemon curdem.
i) Posyp cukrem pudrem.

4. Ptysie z kremem jagodowym

SKŁADNIKI:
- 1 szklanka wody
- ½ szklanki niesolonego masła
- 1 Mąkę o wszechstronnym przeznaczeniu
- 4 duże jajka
- ¼ łyżeczki soli
- 1 szklanka dżemu jagodowego
- Cukier puder do posypania

INSTRUKCJE:
a) Rozgrzej piekarnik do 220°C (425°F).
b) W rondlu zagotuj wodę, sól i masło.
c) Mieszaj mąkę, aż powstanie gładkie ciasto.
d) Zdjąć z ognia, lekko ostudzić.
e) Dodawaj jajka, jedno po drugim, dobrze mieszając po każdym.
f) Nakładać łyżką na blachę do pieczenia.
g) Piec 20-25 minut.
h) Napełnij ptysie konfiturą jagodową.
i) Posyp cukrem pudrem.

5. Ptysie z kremem kokosowym

SKŁADNIKI:
- 1 szklanka wody
- ½ szklanki niesolonego masła
- 1 Mąkę o wszechstronnym przeznaczeniu
- 4 duże jajka
- ¼ łyżeczki soli
- 1 szklanka kremu kokosowego
- Prażone płatki kokosowe do dekoracji

INSTRUKCJE:
a) Rozgrzej piekarnik do 220°C (425°F).
b) W rondlu zagotuj wodę, sól i masło.
c) Mieszaj mąkę, aż powstanie gładkie ciasto.
d) Zdjąć z ognia, lekko ostudzić.
e) Dodawaj jajka, jedno po drugim, dobrze mieszając po każdym.
f) Nakładać łyżką na blachę do pieczenia.
g) Piec 20-25 minut.
h) Napełnij ptysie kremem z ciasta kokosowego i udekoruj prażonymi płatkami kokosa.

6. Ptysie z kremem Czarnego Lasu

SKŁADNIKI:

- 1 szklanka wody
- ½ szklanki niesolonego masła
- 1 Mąkę o wszechstronnym przeznaczeniu
- 4 duże jajka
- ¼ łyżeczki soli
- 1 szklanka bitej śmietany
- ½ szklanki wiśni z puszki w syropie, odsączonych
- Wiórki czekoladowe do dekoracji

INSTRUKCJE:

a) Rozgrzej piekarnik do 220°C (425°F).
b) W rondlu zagotuj wodę, sól i masło.
c) Mieszaj mąkę, aż powstanie gładkie ciasto.
d) Zdjąć z ognia, lekko ostudzić.
e) Dodawać po jednym jajku, dobrze miksując po każdym.
f) Rozwałkuj ciasto na małe krążki na blasze do pieczenia.
g) Piec 20-25 minut.
h) Napełnij ptysie bitą śmietaną, dodaj wiśnie i udekoruj wiórkami czekolady.

7. Craquelin Kremowe Ptysie

SKŁADNIKI:
DLA CRAQUELINA:
- 50 g miękkiego masła
- 75 g jasnego cukru muscovado
- 75 g mąki zwykłej (uniwersalnej)

NA KREMOWE PUFY:
- 75 g masła
- 200ml wody
- 100 g mocnej mąki pszennej (chlebowej)
- 3 jajka, ubite

POŻYWNY:
- 500 g jabłek obranych, wydrążonych i pokrojonych w grube plasterki
- 25 g masła
- 75 g jasnego cukru muscovado
- 2 łyżki brandy
- 300 ml śmietanki podwójnej
- 1 łyżeczka ekstraktu waniliowego

INSTRUKCJE:
ZROB CRAQUELIN:
a) Ubij masło i cukier razem, aż dobrze się połączą.
b) Dodać mąkę i zagnieść ciasto, aby powstało miękkie ciasto.
c) Rozwałkuj ciasto pomiędzy dwoma arkuszami papieru pergaminowego na grubość 3 mm (⅛ cala).
d) Zamrozić ciasto.

PRZYGOTOWAĆ KREMOWE PUFY:
e) W rondelku umieścić masło i wodę, delikatnie podgrzewać, aż masło się rozpuści, a następnie doprowadzić do wrzenia.
f) Zdejmij z ognia i natychmiast dodaj mąkę, a następnie dobrze ubijaj, aż mieszanina utworzy kulę.
g) Pozwól ostygnąć.
h) Rozgrzej piekarnik do 200°C/400°F/gaz 6.
i) Do ostudzonej masy stopniowo dodawaj jajka, dobrze ubijając po każdym dodaniu.
j) Wyciśnij osiem kopców ciasta na blachę do pieczenia.
k) Wytnij osiem krążków o średnicy 5 cm (2 cale) z ciasta craquelin i umieść je na wierzchu każdego kremowego ptysia.
l) Piec 20–25 minut, aż dobrze wyrośnie i będzie złociste.

m) Wyjmij z piekarnika i zrób mały otwór w boku każdej bułki, aby umożliwić ujście pary.
n) Wróć do piekarnika i piecz przez kolejne 5 minut, a następnie przełóż na kratkę, aby całkowicie ostygły.

WYKONAJ NADZIENIE :

o) Rozpuść masło na patelni i smaż jabłka, aż zaczną mięknąć.
p) Dodaj cukier muscovado i brandy i gotuj na wolnym ogniu, aż jabłka będą miękkie, a sos zgęstnieje.
q) Pozostawić do całkowitego ostygnięcia.

UKOŃCZYĆ:

r) Śmietanę z ekstraktem waniliowym ubić na sztywną pianę.
s) Bułki przekrój poziomo na pół i podziel między nie masę jabłkową.
t) Wyciśnij lub łyżką bitą śmietanę na wierzch i załóż pokrywki bułek.
u) Podawaj i ciesz się!

8. Ptysie z kremem truskawkowo-mango

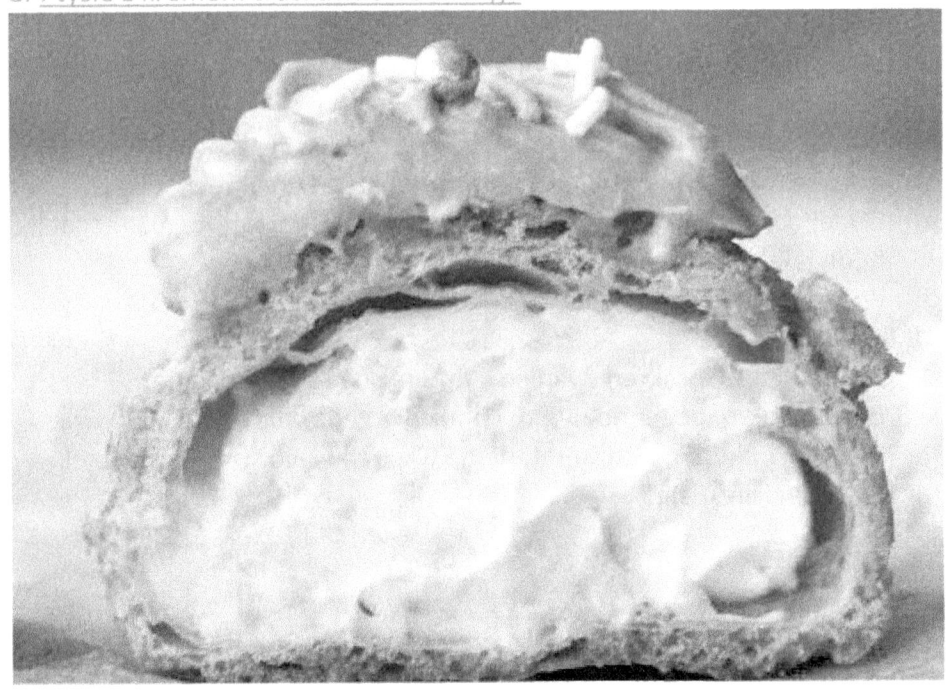

SKŁADNIKI:
NA BITĄ TRUSKAWKĘ GANACHE:
- 175 g czekolady inspirowanej truskawkami
- 350 g gęstej śmietanki

NA POWIERZCHNIĘ KRAQUELINOWĄ:
- 42 g niesolonego masła o temperaturze pokojowej
- 50 g jasnego brązowego cukru
- 50 g mąki uniwersalnej

NA CIASTO CHUX:
- 75 g wody
- 75 g mleka
- 70 g niesolonego masła, pokrojonego w kostkę
- 1 łyżeczka cukru granulowanego
- ½ łyżeczki soli koszernej
- 100 g mąki uniwersalnej, przesianej
- 150 g jajek (około 3 duże) w temperaturze pokojowej i lekko ubitych do połączenia

NA KREM MANGO:
- 50 g liofilizowanego mango
- 50 g cukru kryształu
- 78 g serka śmietankowego, zimnego i pokrojonego w kostkę
- Szczypta soli koszernej
- 300 g gęstej śmietany, zimnej

SKOŃCZYĆ:
- Posypka, kawałki liofilizowanych owoców, plasterki świeżych owoców (opcjonalnie)

INSTRUKCJE:
NA BITĄ TRUSKAWKĘ GANACHE:
a) Drobno posiekaj czekoladę inspirowaną truskawkami i umieść ją w żaroodpornej misce.
b) W małym rondlu na średnim ogniu podgrzej śmietankę, aż zacznie parować. Zdejmij z ognia i polej posiekaną czekoladą.
c) Odstaw na 1 minutę, następnie delikatnie wymieszaj, aż składniki się połączą. Ochłodzić do temperatury pokojowej, przycisnąć arkusz folii do powierzchni i przechowywać w lodówce do całkowitego schłodzenia, co najmniej 4 godziny i maksymalnie 5 dni.

NA POWIERZCHNIĘ KRAQUELINOWĄ:
d) W małej misce ubij miękkie masło i brązowy cukier na gładką masę.
e) Dodaj mąkę i mieszaj, aż powstanie ciasto. Przełóż ciasto na kawałek pergaminu.
f) Połóż na wierzch kolejny kawałek papieru pergaminowego i rozwałkuj ciasto na grubość około 1/16 cala. Zamrozić je na czas przygotowywania parówki. (Craquelin można przygotować nawet na 1 miesiąc wcześniej; zamrozić, dobrze zawinięty, aż będzie gotowy do użycia — nie ma potrzeby rozmrażania.)

NA CIASTO CHUX:
g) Rozgrzej piekarnik do 200°C z rusztem pośrodku i wyłóż dużą blachę do pieczenia papierem pergaminowym.
h) Połącz wodę, mleko, masło, cukier i sól w średnim rondlu. Doprowadzić do silnego wrzenia na średnim ogniu, od czasu do czasu mieszając.
i) Gdy tylko mieszanina zacznie się gotować, zdejmij garnek z ognia i dodaj całą mąkę. Mieszaj energicznie drewnianą łyżką lub szpatułką, aż mąka całkowicie się połączy.
j) Postaw garnek na małym ogniu i ciągle mieszaj, gotując mieszaninę przez 2 minuty, aby pomóc jej wysuszyć. Przenieść do miski miksera stojącego wyposażonego w przystawkę do łopatek.
k) Mieszaj na średniej prędkości przez 1-2 minuty, aby uwolnić parę. Ciasto powinno wskazywać 170-175°F na termometrze z natychmiastowym odczytem i być wystarczająco sztywne.
l) Nie przerywając pracy miksera na niskich obrotach, powoli wlewaj ubite jajka. Mieszaj na średniej prędkości przez 4 minuty, aż ciasto przejdzie test konsystencji.

NA KREM MANGO:

m) W misie robota kuchennego wymieszaj liofilizowane mango i cukier. Pulsuj, aż mango rozpadnie się na drobny proszek.
n) Dodaj serek śmietankowy, sól i puls, aby połączyć.
o) Dodaj zimną śmietanę i miksuj, aż mieszanina będzie przypominać bardzo gęsty jogurt.

SKOŃCZYĆ:
p) Za pomocą pałeczki zrób dziurę w dnie każdego kremowego ptysia.
q) Odetnij końcówkę rękawa cukierniczego, w którym znajduje się krem z mango. Włóż końcówkę do otworu i wciśnij krem z mango, aż pianka będzie ciężka.
r) Na wierzch wyciśnij odrobinę bitego ganache truskawkowego. Udekoruj posypką, kawałkami liofilizowanych owoców lub plasterkami świeżych owoców.
s) Ciesz się natychmiast lub przechowuj w lodówce i ciesz się w ciągu 4 godzin od montażu.

9. Ptysie z kremem cytrynowym

SKŁADNIKI:
NA LEMON CURD:
- 40 gramów soku z cytryny
- 60 gramów cukru
- 1 jajko
- 1 żółtko
- 50 gramów zimnego masła pokrojonego w kostkę

NA POWŁOKĘ CZEKOLADOWĄ:
- 250 gramów białej czekolady
- Kolorystyka z żółtej czekolady

NA Piankowy Puch (FLøDEBOLLE SKUM):
- 85 gramów granulowanego cukru
- 40 gramów syropu glukozowego
- 25 gramów wody
- 50 gramów białek jaj
- 10 gramów granulowanego cukru
- ½ łyżeczki pasty waniliowej

NA BAZA MARCEPIANOWA:
- 100 gramów marcepanu

DEKORACJA:
- Jadalny złoty liść

INSTRUKCJE:
TWARD CYTRYNOWY:
a) W małym garnku wymieszaj sok z cytryny, cukier, jajko i żółtko. Mieszaj ciągle na małym lub średnim ogniu, aż mieszanina osiągnie temperaturę 80–85°C i zgęstnieje.

b) Zdejmij z ognia, odcedź twaróg do miski, aby usunąć ugotowane kawałki jajek i pozostaw do ostygnięcia na 2 minuty.

c) Dodajemy zimne, pokrojone w kostkę masło i miksujemy blenderem zanurzeniowym na gładką masę.

d) Przełóż lemon curd do rękawa cukierniczego, szczelnie zamknij i przechowuj w lodówce, aż całkowicie się schłodzi.

POWŁOKA CZEKOLADOWA:
e) Podczas gdy lemon curd ostygnie, temperuj białą czekoladę i pokoloruj ją barwnikiem z żółtej czekolady, aby uzyskać żywy żółty odcień.

f) Rozłóż czekoladę w silikonowej formie, zapewniając równomierne pokrycie. Stuknij foremką o blat i odwróć ją na duży kawałek papieru pergaminowego, aby nadmiar czekolady spłynął. Zachowaj pozostałą czekoladę.

g) Zachowaj dodatkową ilość czekolady w małej torbie do wyciskania, trzymając ją ciepłą w kieszeni do późniejszego wykorzystania do uszczelniania kremowych ptysiów.

h) Połóż formę silikonową stroną do dołu na małej desce i wstaw do lodówki, aby stwardniała.

Puch Piankowy (FLøDEBOLLE SKUM):

i) W małym garnku zagotuj wodę, syrop glukozowy i 85 gramów granulowanego cukru, aż osiągnie temperaturę 117°C (użyj termometru cukrowego).

j) Podczas gdy syrop się gotuje, ubijaj białka w czystej misce z dużą prędkością, aż utworzą gęstą sieć białych bąbelków. Stopniowo dodawaj 10 gramów granulowanego cukru i kontynuuj ubijanie do średniej/sztywnej piany.

k) Zdjąć syrop cukrowy z ognia i powoli wlać go do białek, ubijać na pełnych obrotach przez 8-10 minut, aż puch będzie sztywny. Dodać pastę waniliową i wymieszać.

l) Przełóż piankę marshmallow do rękawa cukierniczego.

BAZA MARCEPANOWA:

m) Rozwałkować marcepan na grubość 8 mm. Za pomocą foremki do ciastek o średnicy 4 cm wytnij 6 kółek, tak aby pasowały do spodu kremowego ciasta francuskiego.

ZŁOŻENIE:

n) Wyciśnij puch pianek marshmallow do czekoladowych skorupek, a następnie wyciśnij lemon curd na środek kremowego ptysia, stopniowo go rozszerzając, aby wypełnić środek.

o) Dodaj bazę marcepanową i przykryj spód zarezerwowaną czekoladą.

p) Zamrozić na 5 minut, aby stężało, dzięki czemu łatwiej będzie je wyjąć z formy.

q) Delikatnie prześledź krawędź spodu ptysia, aby uwolnić go z silikonowej formy, a następnie odwróć go i delikatnie wypchnij.

r) Opcjonalnie udekoruj płatkami jadalnego złota. Cieszyć się!

10. Ptysie z kremem cynamonowo-jabłkowym

SKŁADNIKI:

NA polewę do ciasteczek „Craquelin":
- 60 gramów niesolonego masła, zmiękczonego
- 40 gramów granulowanego cukru
- 60 gramów mąki uniwersalnej
- Barwnik spożywczy w żelu w kolorze czerwonym

NA CIASTO CHUX:
- 60 gramów niesolonego masła
- 60 gramów wody
- 60 gramów mleka
- Barwnik spożywczy w żelu w kolorze czerwonym
- 70 gramów mąki uniwersalnej
- 125 gramów całych jaj, ubitych (około 2,5 dużego jajka)

NA BITĄ ŚMIETANĘ CYNAMONOWĄ JABŁKO:
- 2 średnie jabłka, obrane i drobno posiekane
- 100 gramów brązowego cukru
- 1 łyżka mielonego cynamonu
- 1 łyżeczka ekstraktu waniliowego
- 1 łyżka skrobi kukurydzianej
- 700 gramów śmietany do ubijania

NA ŁODYŻKACH CZEKOLAD:
- 50 gramów białej czekolady
- Barwnik spożywczy w żelu brązowo-zielonym

INSTRUKCJE:

KRAKELINOWA POWIERZCHNIA DO CIASTEK:

a) W małej misce użyj szpatułki, aby utrzeć miękkie masło, granulowany cukier i czerwony barwnik spożywczy w żelu, aż uzyskasz kremową i równomierną barwę.

b) Mieszaj mąkę, aż powstanie gładkie i miękkie ciasto.

c) Włóż ciasto pomiędzy dwa arkusze folii plastikowej (lub jeden arkusz złożony na pół) i rozwałkuj je na grubość około ⅛ cala za pomocą wałka. Złóż pozostałe krawędzie folii i zamroź, aż stanie się solidnym i płaskim arkuszem, około 30 minut.

Ciasto Choux:

d) Rozgrzej piekarnik do 400°F i wyłóż blachę do pieczenia papierem pergaminowym.

e) W małym garnku na średnim ogniu zagotuj masło, wodę, mleko i czerwony żelowy barwnik spożywczy. Jest gotowy, gdy na powierzchni pojawią się małe bąbelki.
f) Dodajemy całą mąkę na raz i szybko mieszamy, aż powstanie miękkie ciasto.
g) Kontynuuj gotowanie ciasta na średnim ogniu przez 3-4 minuty, aby wysuszyć. Powinno przypominać suche puree ziemniaczane.
h) Pozostaw ciasto do ostygnięcia, aż będzie ciepłe w dotyku.
i) Do ciasta dodać jajko w trzech częściach, dokładnie mieszając po każdym dodaniu, aż jajko całkowicie się wchłonie. Ciasto może początkowo wydawać się zsiadłe, ale cały czas mieszaj.
j) Ciasto jest gotowe, gdy jest gładkie i błyszczące. Ciasto powinno pozostawić trójkąt w kształcie litery V zwisający z łopatki.
k) Użyj 2-calowej łyżki do ciastek, aby umieścić kopczyki ciasta na wyłożonej blachą do pieczenia, pozostawiając co najmniej 2-calowe odstępy między każdym kopcem.
l) Wyjmij craquelin z zamrażarki i za pomocą 2-calowego okrągłego noża wytnij krążki z arkusza craquelin. Umieść te krążki na wierzchu każdego kopca z ciasta parzonego.
m) Piec w temperaturze 400°F przez 5 minut, następnie zmniejszyć temperaturę piekarnika do 350°F i piec przez kolejne 25-30 minut, aż ptysie będą twarde. Na kilka minut przed końcem pieczenia za pomocą pałeczki zrób mały otwór w górnej części każdego ciasta, aby umożliwić ujście pary. Otwór ten posłuży również jako miejsce do późniejszego włożenia łodyg czekolady. Przed napełnieniem poczekaj, aż ptysie całkowicie ostygną.

Bita śmietana CYNAMONOWA JABŁKO:
n) W małym garnku wymieszaj posiekane jabłka, brązowy cukier, cynamon i ekstrakt waniliowy. Przykryć i doprowadzić do wrzenia na średnim ogniu. Gotuj przez 3-5 minut, aż puszczą sok jabłkowy.
o) Szybko wymieszaj skrobię kukurydzianą, aż sok zgęstnieje i osiągnie konsystencję galaretowatego sosu. Jeśli jest zbyt suche, można dodać łyżkę lub dwie wody. Przełożyć do małej miski i całkowicie ostudzić na blacie lub w lodówce.
p) W dużej misce użyj miksera elektrycznego lub trzepaczki, aby ubić śmietanę, aż zgęstnieje i utworzy miękkie szczyty.
q) Do ubitej śmietany dodać ostudzony kompot jabłkowy i wymieszać szpatułką do dokładnego połączenia.

r) Bitą śmietanę przełożyć do rękawa cukierniczego z okrągłą końcówką, przez którą przechodzą pokrojone kawałki jabłka.
s) Użyj innej końcówki do wyciskania lub pałeczki, aby zrobić dziurę w dnie każdego ptysia. W otwór włóż końcówkę rękawa cukierniczego i wyciśnij krem do ciasta, aż ścianki lekko się powiększą, a nadzienie zacznie wyciekać. Użyj czystego palca, aby zetrzeć nadmiar.

ŁODYGI CZEKOLADOWE:

t) Rozpuść białą czekoladę na małej patelni lub w kuchence mikrofalowej, podgrzewając co 15 sekund.
u) Podzielić roztopioną czekoladę do dwóch małych misek i dodać brązowy barwnik spożywczy w żelu do jednej i zielony barwnik spożywczy w żelu do drugiej. Dobrze wymieszać.
v) Przełóż czekoladę do dwóch małych rękawów do wyciskania i odetnij końcówkę każdej torebki.
w) Małą deskę do krojenia wyłóż papierem woskowanym. Za pomocą brązowej czekolady wytnij proste linie o długości około 2 cali na łodygi.
x) Użyj zielonej czekolady, aby wycisnąć okrągłą porcję około ⅓ od końca każdej łodygi, tuż nad łodygą. Dociśnij małą szpatułką, aby spłaszczyć, a następnie delikatnie odciągnij od łodygi pod kątem, aby posmarować czekoladę. Bokiem palca uformuj rozmaz w czubek liścia.
y) Schłodź te łodygi w lodówce przez około 15 minut, aż stwardnieją. Ostrożnie zdejmij je z woskowanego papieru i włóż w otwory na górze każdego ptysia, w które wbiłeś je podczas pieczenia. Cieszyć się!

11. Ptysie z kremem mandarynkowo-pomarańczowym

SKŁADNIKI:
DLA CRAQUELINA:
- 5 łyżek zimnego masła, pokrojonego w drobną kostkę
- ½ szklanki granulowanego cukru
- ¾ szklanki mąki uniwersalnej
- Szczypta soli
- ½ łyżeczki pasty waniliowej
- Barwnik spożywczy w żelu pomarańczowy

DLA CHOUXA:
- ½ szklanki pełnego mleka
- ½ szklanki wody
- ½ szklanki masła
- ⅛ łyżeczki soli
- 1 Mąkę o wszechstronnym przeznaczeniu
- 4 jajka
- 1 białko jaja

TWARD MANDARYNKOWY:
- ½ szklanki) cukru
- 1 łyżka skrobi kukurydzianej
- 1 ½ łyżki drobno startej skórki mandarynki
- 3 łyżki soku mandarynkowego
- 3 łyżki wody
- 3 ubite żółtka
- ¼ szklanki masła, pokrojonego na kawałki

MUS Z KREMEM WANILIOWYM:
- 2 szklanki pełnego mleka
- 4 żółtka
- ⅔ szklanki granulowanego cukru
- ¼ szklanki skrobi kukurydzianej
- 1 szklanka plus 4 łyżki niesolonego masła, podzielone

INSTRUKCJE:
CHOUX AU CRAQUELIN:
a) W misie robota kuchennego rozdrobnij kawałki cukru i masła, aż utworzą się duże okruszki.
b) Dodaj mąkę, sól i pastę waniliową i wyrabiaj, aż powstanie ciasto. Połącz ciasto, tworząc dysk.

c) Rozwałkuj ciasto pomiędzy dwoma kawałkami papieru pergaminowego, aż będzie cienkie na 1/16 cala. Włóż pod przykryciem do zamrażarki na co najmniej 1 godzinę.
d) Pokrój ciasto na 2-calowe koła i przechowuj je w zamrażarce, aż będą gotowe do użycia. Może być konieczne ponowne rozwałkowanie resztek ciasta, aby uzyskać wystarczającą liczbę kółek (około 40).
e) Rozgrzej piekarnik do 350 stopni F i wyłóż 2 arkusze ciastek papierem pergaminowym lub matą silikonową.
f) W średnim rondlu połącz mleko, wodę, masło i sól. Doprowadzić do wrzenia.
g) Dodajemy na raz całą mąkę i energicznie mieszamy. Gotuj i mieszaj, aż mieszanina utworzy kulę. Zdejmij z ognia i dodawaj po jednym jajku i białkach, dobrze ubijając drewnianą łyżką po każdym dodaniu.
h) Przygotować ciasto w rękawie cukierniczym z dużą okrągłą końcówką. Wytnij krążki o średnicy 1 ½ cala i przykryj zamrożonym krążkiem krakeliny.
i) Piec przez 30 do 35 minut lub do momentu, aż będą złociste i jędrne. Przełożyć na metalową kratkę i ostudzić.

TWARD MANDARYNKOWY:
j) W średnim rondlu wymieszaj cukier i skrobię kukurydzianą.
k) Wymieszaj skórkę mandarynki, sok z mandarynki i wodę. Gotuj i mieszaj na średnim ogniu, aż zgęstnieje i zacznie bulgotać.
l) Połowę masy mandarynkowej wymieszaj z żółtkami. Włóż mieszaninę żółtek z powrotem do rondla. Gotuj do delikatnego wrzenia, zmniejsz ogień, gotuj i mieszaj jeszcze przez 2 minuty lub do momentu, aż zgęstnieje. Zdjąć z ognia.
m) Dodajemy kawałki masła, mieszamy aż się rozpuści. Przykryj powierzchnię twarogu folią spożywczą. Schładzaj przez co najmniej 1 godzinę, do 48 godzin.

MUS Z KREMEM WANILIOWYM:
n) W ciężkim rondlu zagotuj mleko na średnim ogniu.
o) W średniej misce wymieszaj żółtka, jajko, cukier i skrobię kukurydzianą, aż masa będzie gładka.
p) Gdy mleko się zagotuje, zmniejsz ogień i wlej cienkim strumieniem ⅓ ciepłego mleka do miski z masą jajeczną, cały czas mieszając. Wlać mieszaninę do rondla i powoli doprowadzić do wrzenia, ciągle mieszając.

q) Gdy mieszanina się zagotuje i zgęstnieje, zdejmij z ognia i dodaj 4 łyżki masła i wanilię.
r) Przelać do żaroodpornego pojemnika i przykryć folią bezpośrednio na powierzchni, aby zapobiec tworzeniu się kożucha. Przechowywać w lodówce aż do schłodzenia.
s) Po całkowitym schłodzeniu i stężeniu (co najmniej 4 godziny, najlepiej przez noc) wyjmij z lodówki i dodaj do miski miksera. Mieszaj na niskich obrotach, aby delikatnie rozluźnić krem z ciasta.
t) Pozostałe 2 kostki masła pokrój w kostkę i dodaj je jedna po drugiej do kremu cukierniczego. Ubijaj na wysokich obrotach, aż składniki się całkowicie połączą i będą gładkie.

MONTAŻ:
u) Napełnij rękaw cukierniczy twarogiem mandarynkowym, a drugi z wybraną końcówką ciasta z kremowym musem.
v) Zrób mały otwór w dnie kremu ptysiowego i wypełnij go twarogiem. Następnie posmaruj wierzch kremowym musem.
w) W razie potrzeby posyp skórką mandarynki i jadalnym kwiatem.

12. Ptysie z kremem z galaretką Lychee

SKŁADNIKI:
KRAKIELIN:
- 50 g masła
- 50g mąki
- 50 g cukru
- Opcjonalny barwnik spożywczy

PÂTE À CHOUX:
- 70g wody
- 50 g masła
- 60 g mąki
- 2 średnie jajka

KREM Z LICZI/ WYPEŁNIENIE:
- 400 g zimnej, ciężkiej śmietany do ubijania
- 2 łyżki cukru
- Cukier puder (do smaku)
- 12 liczi (świeże lub z puszki, oba pasują)
- 2 łyżki soku z cytryny
- 4 duże kubki z galaretką liczi lub 8 małych kubków

INSTRUKCJE:
NA NADZIENIE DYSKÓW JELLY:
a) Rozpuść kubki z liczi w rondlu na małym/średnim ogniu, uważając, aby się nie przypalić. Opcjonalnie dodaj barwnik/pigment spożywczy.
b) Roztopione liczi wlać do lekko natłuszczonej formy do muffinów lub opcjonalnej formy silikonowej. Być może trzeba będzie pokroić galaretkę, aby zmieściła się w kremowych ptysiach.

NA PUREE Z LICZI:
c) Zmiksuj liczi na gładką masę.
d) Ugotuj zmiksowane liczi z 2 łyżkami soku z cytryny i 2 łyżkami cukru na małym/średnim ogniu w małym rondlu, aż zgęstnieje.
e) Przechowywać w lodówce puree z liczi. Opcjonalnie przetrzyj go przez sito, aby uzyskać gładszą konsystencję.

DLA KRAQUELINA:
f) Masło i cukier utrzeć razem, następnie wymieszać z mąką.
g) Rozwałkuj ciasto pomiędzy dwoma kawałkami pergaminu i poczekaj, aż stwardnieje w zamrażarce.

DLA CHOUXA:
h) Podgrzej wodę i masło, aż zacznie się gotować. Wyłącz ogrzewanie.

i) Dodajemy całą mąkę i energicznie mieszamy gumową szpatułką, aż ciasto zacznie odchodzić od formy.
j) Pozostaw ciasto do ostygnięcia na 10 minut.
k) Wlać 1 jajko i szybko wymieszać, aż do całkowitego połączenia. Na początku będzie to wyglądać dziwnie, ale mieszaj dalej!
l) W osobnej misce ubić ostatnie jajko, następnie wlewać po trochu jajko do ciasta podczas miksowania (możesz nie wykorzystać wszystkich jajek). Sprawdź konsystencję, zanurzając i podnosząc szpatułkę; powinien utworzyć literę V i odłamać się.
m) Wylej ciasto na blachę wyłożoną pergaminem. Z schłodzonego ciasta craquelin wytnij okrągłe krążki tej samej wielkości i umieść je na wierzchu każdego kopca ciasta.
n) Piec w temperaturze 200°C przez około 20 minut. Wyjmij i pozostaw do całkowitego ostygnięcia.

NA KREM Z LICZI:
o) Zimną śmietankę ubić z cukrem na gęstą masę.
p) Dodaj 3 łyżki schłodzonego puree z liczi i ubijaj, aż masa będzie sztywna.

MONTAŻ:
q) Odetnij wierzch ciasta i zanurz je w połowie w kremie z liczi.
r) Połóż na wierzchu krążek galaretki liczi, a następnie napełnij kremem z liczi.
s) Na wierzch wyłóż bitą śmietanę i udekoruj według uznania. Cieszyć się!

PUFY Z KAWĄ I HERBACIANĄ

13. Ptysie z kremem kawowym

SKŁADNIKI:
- 1 szklanka wody
- ½ szklanki niesolonego masła
- 1 Mąkę o wszechstronnym przeznaczeniu
- 4 duże jajka
- ¼ łyżeczki soli
- 1 szklanka gęstej śmietanki
- 2 łyżki kawy rozpuszczalnej
- 2 łyżki cukru pudru

INSTRUKCJE:
a) Rozgrzej piekarnik do 220°C (425°F).
b) W rondlu zagotuj wodę, sól i masło.
c) Mieszaj mąkę, aż powstanie gładkie ciasto.
d) Zdjąć z ognia, lekko ostudzić.
e) Dodawaj jajka, jedno po drugim, dobrze mieszając po każdym.
f) Nakładać łyżką na blachę do pieczenia.
g) Piec 20-25 minut.
h) Ubić śmietankę z kawą rozpuszczalną i cukrem pudrem.
i) Ptysie przekrój na pół i napełnij je kremem kawowym.

14. Kremowe ptysie z zieloną herbatą Matcha

SKŁADNIKI:
- 1 szklanka wody
- ½ szklanki niesolonego masła
- 1 Mąkę o wszechstronnym przeznaczeniu
- 4 duże jajka
- ¼ łyżeczki soli
- 2 łyżki sproszkowanej zielonej herbaty matcha
- 1 szklanka bitej śmietany

INSTRUKCJE:
a) Rozgrzej piekarnik do 220°C (425°F).
b) W rondlu zagotuj wodę, sól i masło.
c) Mieszaj mąkę, aż powstanie gładkie ciasto.
d) Zdjąć z ognia, lekko ostudzić.
e) Dodawaj jajka, jedno po drugim, dobrze mieszając po każdym.
f) Rozwałkuj ciasto na małe krążki na blasze do pieczenia.
g) Piec 20-25 minut.
h) Ubij śmietanę z proszkiem zielonej herbaty matcha.
i) Napełnij ptysie bitą śmietaną matcha.

15. Ptysie z kremem Mocha

SKŁADNIKI:

- 1 szklanka wody
- ½ szklanki niesolonego masła
- 1 Mąkę o wszechstronnym przeznaczeniu
- 4 duże jajka
- ¼ łyżeczki soli
- 2 łyżki kakao w proszku
- 2 łyżki kawy rozpuszczalnej
- 1 szklanka bitej śmietany

INSTRUKCJE:

a) Rozgrzej piekarnik do 220°C (425°F).
b) W rondlu zagotuj wodę, sól i masło.
c) Mieszaj mąkę, aż powstanie gładkie ciasto.
d) Zdjąć z ognia, lekko ostudzić.
e) Dodawaj jajka, jedno po drugim, dobrze mieszając po każdym.
f) Rozwałkuj ciasto na małe krążki na blasze do pieczenia.
g) Piec 20-25 minut.
h) Połącz kakao i kawę rozpuszczalną z bitą śmietaną.
i) Napełnij ptysie bitą śmietaną o smaku mokki.

16. Ptysie z kremem do kawy i herbaty z mlekiem

SKŁADNIKI:
NA CRAQUELIN (SKRĘT CIASTEK):
- 4½ łyżki niesolonego masła, pokrojonego w kostkę
- 100 gramów jasnego brązowego cukru
- Szczypta soli koszernej
- 85 gramów mąki uniwersalnej
- ¾ łyżeczki ekstraktu waniliowego

NA KREM DO CIASTA MLECZNEGO:
- 1 ¼ szklanki pełnego mleka
- 1 ½ łyżki liści czarnej herbaty cejlońskiej
- 1 torebka czarnej herbaty Lipton
- 57 gramów cukru
- 15 gramów skrobi kukurydzianej
- ⅛ łyżeczki soli koszernej
- 2 duże żółtka
- 15 gramów niesolonego masła (1 łyżka stołowa), pokrojonego w małą kostkę

NA KREM DO CIASTA KAWOWEGO:
- 1 szklanka pełnego mleka
- 2 łyżeczki kawy rozpuszczalnej
- 57 gramów cukru
- 15 gramów skrobi kukurydzianej
- ⅛ łyżeczki soli koszernej
- 2 duże żółtka
- 15 gramów niesolonego masła (1 łyżka stołowa), pokrojonego w małą kostkę

NA CHOUX (KREMOWE PUFY):
- 2 duże jajka
- ½ dużego białka jaja
- ¼ szklanki pełnego mleka
- ¼ szklanki wody
- 57 gramów niesolonego masła (4 łyżki stołowe), pokrojonego w ½-calowe plasterki
- 1 ½ łyżeczki cukru
- ⅛ łyżeczki soli koszernej
- 68 gramów mąki uniwersalnej

NA STABILIZOWANĄ BITĄ ŚMIETANĘ:
- 2 łyżki wody (w temperaturze pokojowej)

- 1 łyżeczka niesmakowanej żelatyny w proszku
- 1 szklanka zimnej, ciężkiej śmietany
- 3 łyżki cukru pudru

INSTRUKCJE:
NA KRAQUELIN (SKRĘT Z CIASTECZEK):
a) W robocie kuchennym zmiksuj masło, jasnobrązowy cukier i sól, aż się połączą.
b) Dodaj mąkę i pulsuj, aż mieszanina będzie wilgotna i krucha.
c) Dodaj wanilię i pulsuj, aż się połączą.
d) Ciasto przełożyć na czystą powierzchnię, uformować okrągły krążek i rozwałkować pomiędzy pergaminami.
e) Za pomocą foremki do ciastek pokroić w krążki o średnicy 1 ½ cala i zamrozić.

NA KREM DO CIASTA MLECZNEGO:
f) Zaparzaj liście czarnej herbaty cejlońskiej i torebkę herbaty w gotującym się mleku przez 30 minut.
g) Wymieszaj cukier, skrobię kukurydzianą i żółtka, aż masa będzie jasna i puszysta.
h) Odcedź mieszankę herbaty i dodaj ją do masy żółtkowej.
i) Gotuj aż zgęstnieje, ciągle mieszając.
j) Zdjąć z ognia i ubić na maśle.
k) Schładzaj przez 3 godziny.

NA KREM DO CIASTA KAWOWEGO:
l) Zaparzaj kawę rozpuszczalną w gotującym się mleku przez 30 minut.
m) Wymieszaj cukier, skrobię kukurydzianą i żółtka, aż masa będzie jasna i puszysta.
n) Odcedź mieszankę kawową i dodaj ją do masy żółtkowej.
o) Gotuj aż zgęstnieje, ciągle mieszając.
p) Zdjąć z ognia i ubić na maśle.
q) Schładzaj przez 3 godziny.

NA CHOUX (KREMOWE PUFY):
r) Rozgrzej piekarnik do 375°F i wyłóż blachy do pieczenia papierem pergaminowym.
s) W misce ubić jajka i białka.
t) W rondlu zagotuj mleko, wodę, masło, cukier i sól.
u) Dodajemy mąkę i mieszamy, aż powstanie ciasto, a na dnie powstanie cienki film.

v) Przełożyć do miski, wypuścić parę i stopniowo dodawać ubite jajka.
w) Wyciskaj kopczyki na blachę do pieczenia, posyp je zamrożonymi krakerlinami i piecz.

NA BITĄ ŚMIETANĘ STABILIZOWANĄ:
x) Zmiękczyć żelatynę w wodzie, następnie wstawić do mikrofalówki do rozpuszczenia.
y) Ubij śmietanę i cukier puder, następnie dodaj mieszaninę żelatyny.
z) Ubijaj, aż utworzą się miękkie szczyty.

MONTAŻ:
aa) Napełnij ptysie mleczną herbatą i kremem kawowym za pomocą torebek cukierniczych.
bb) Podawać natychmiast lub w ciągu 30 minut.
cc) Rozkoszuj się pysznymi ptysiami z mleczną herbatą i kremem kawowym w stylu Hongkongu!

17. Ptysie z kremem Earl Grey i ciemną czekoladą

SKŁADNIKI:
PÂTE SUCRÉE CZEKOLADOWY:
- 150 g niesolonego masła o temperaturze pokojowej
- 112 g cukru pudru
- 2g soli
- 5g ekstraktu waniliowego
- 50 g jajek
- 195 g mąki uniwersalnej
- 55 g proszku kakaowego
- 20 g skrobi kukurydzianej

PÂTE À CHOUX:
- 125 g wody
- 125 g pełnego mleka
- 5 g drobnego cukru
- 5 g fleur de sel (sól morska)
- 110 g niesolonego masła
- 140 g mąki uniwersalnej
- 250 g jajek

EARL GREY CHANTILLY:
- 100 g gęstej śmietanki
- 5 g herbaty Earl Grey liściastej
- 200 g gęstej śmietanki
- 15 g cukru pudru

MUS Z CIEMNEJ CZEKOLADY:
- 120 g jajek
- 50 g cukru
- 160g dobrej jakości gorzkiej czekolady (70-73%), drobno posiekanej
- 263 g gęstej śmietanki

DEKORACJE CZEKOLADOWE:
- 125 g ciemnej czekolady, drobno posiekanej

INSTRUKCJE:
NA CZEKOLADOWY PÂTE SUCRÉE:
a) W mikserze utrzyj masło na kremową masę.
b) Przesiej cukier puder i ubijaj, aż masa będzie puszysta.
c) Dodaj jajka, sól i ekstrakt waniliowy i ubijaj, aż się połączą.
d) Przesiej mąkę, kakao i skrobię kukurydzianą i ubijaj, aż ciasto utworzy kulę.

e) Zawiń w folię plastikową i wstaw do lodówki na 4 godziny.
f) Wyjmij ciasto na tartę i rozwałkuj je na grubość mniejszą niż 1/16 cala (1 mm). Ułożyć na blasze do pieczenia i zamrozić na 20 minut.

NA PÂTE À CHOUX:
g) W rondlu zagotuj wodę, mleko, cukier, sól i masło.
h) Gdy rondelek jest jeszcze gorący, dodaj na raz całą mąkę. Ubijaj energicznie drewnianą łyżką, aż pasta będzie gładka i błyszcząca, i kontynuuj ubijanie, aż pasta zacznie odchodzić od ścianek patelni.
i) Przełóż pastę do miski i wbijaj po jednym jajku, cały czas ubijając.
j) Po 20 minutach w zamrażarce wyjmij ciasto na tartę i wytnij dwanaście do czternastu krążków o średnicy 7 cm.
k) Rozgrzej piekarnik do 400°F (200°C).
l) Blachę do pieczenia wyłóż papierem pergaminowym. Wyciśnij 12–14 kulek choux o średnicy około 2 ½ cala (6,5 cm) i 1,5 cm wysokości, układając je na wyłożonej blachą do pieczenia w odległości około 2 cali (5 cm). Na każdym chouxie połóż krążek słodkiego ciasta na tartę.
m) Włóż je do piekarnika i wyłącz piekarnik. Wyłącz piekarnik na dziesięć minut. Włącz ponownie piekarnik na 180°C i kontynuuj pieczenie choux.
n) Po dziesięciu minutach wsuń drewnianą łyżkę do gotowania pomiędzy piekarnik a drzwiczki, tak aby były częściowo otwarte. Piec przez kolejne dziesięć minut. Przenieś choux na metalową kratkę, aby ostygła.

DLA EARL GREY CHANTILLY:
o) Podgrzej 100 g gęstej śmietany w rondlu, aż zacznie wrzeć.
p) Dodaj sypką herbatę Earl Grey, przykryj pokrywką i odstaw na 20 minut. Odcedzić i całkowicie ostudzić w lodówce.
q) Ubij 200 g gęstej śmietany i cukru pudru na sztywną pianę. Podczas ubijania powoli dodawaj śmietankę Earl Grey. Przełożyć do rękawa cukierniczego z końcówką w kształcie gwiazdki i przechowywać w lodówce.

NA MUS Z CIEMNEJ CZEKOLADY:
r) Ubić gęstą śmietanę na średnią wysokość i odstawić do lodówki.
s) Jajka i cukier umieść w misie miksera stojącego i umieść nad łaźnią wodną, cały czas mieszając, aż masa osiągnie temperaturę 60°C/140°F.

t) Zdejmij mieszaninę z ognia i umieść ją w mikserze stojącym. Ubijaj na dużej prędkości, aż ostygnie do około 35°C/95°F i utworzą się wstążki, około 10 minut.
u) W międzyczasie rozpuść czekoladę w gorącej kąpieli wodnej. Pozostawić do ostygnięcia do temperatury 35°C/95°F.
v) Gdy masa jajeczna i czekolada osiągną odpowiednią temperaturę, wbij jajko do czekolady, aż składniki się równomiernie połączą.
w) Połowę ubitej śmietanki wymieszać z masą czekoladową, a następnie drugą połową.
x) Wylej mus czekoladowy na spód ptysiów, zatrzymując się, gdy osiągnie szczyt. Wyciśnij Earl Grey Chantilly, a następnie pokryj wierzch kremowym ptychem. Na wierzch wyciśnij małą kropkę kremu Earl Grey.

DO WYKOŃCZENIA CZEKOLADOWEGO:
y) Połóż arkusz octanu na powierzchni roboczej i przygotuj stożek pergaminowy.
z) Do garnka z ledwo gotującą się wodą włóż 100 g czekolady. Rozpuść czekoladę do temperatury 43°C, ale nie podgrzewaj jej dalej.
aa) Zdjąć z ognia i dodać pozostałe 25 g czekolady. Mieszaj ciągle, aż czekolada osiągnie temperaturę 27°C.
bb) Aby sprawdzić, czy jest odpowiednio zahartowany, posmaruj octan niewielką ilością czekolady. Jeśli po kilku minutach czekolada stwardnieje, nabierze połysku i pęknie przy stłuczeniu, oznacza to, że jest hartowana.
cc) Doprowadź czekoladę do temperatury 31°C, uważając, aby jej nie podgrzewać dalej, bo może stracić temperament.
dd) Przenieś czekoladę na pergaminowy rożek i wyciskaj na pergaminie nachodzące na siebie kółka o różnej wielkości. Pozwól czekoladzie zastygnąć.
ee) Podgrzej małą okrągłą foremkę do ciastek o średnicy około ½ cala za pomocą palnika. Z czekoladowej koronki wycinamy kółka i odstawiamy.

SKOŃCZYĆ:
ff) Umieść krąg czekoladowej koronki w kropce Earl Grey Chantilly.
gg) Udekoruj suszonymi kwiatami (występującymi w niektórych liściastych herbatach Earl Grey) i natychmiast podawaj.

18. Ptysie z kremem Dalgona

SKŁADNIKI:
NA KREMOWE PUFIE:
- ¼ szklanki masła
- 6 łyżek wody
- 2 łyżki mleka
- ⅛ łyżeczki soli
- 1 łyżeczka cukru
- ½ szklanki mąki uniwersalnej
- 2 jajka

DO MYCIA JAJ:
- 1 żółtko
- 1 łyżka wody

DO KREMU DALGONA:
- 10 łyżek gęstej śmietanki (140ml)
- 2 ½ łyżki granulowanego cukru (1 ½ do ubijania gęstej śmietanki i 1 do przygotowania dalgony)
- ½ łyżeczki ekstraktu waniliowego
- 1 łyżka kawy rozpuszczalnej
- 1 łyżka gorącej wody

INSTRUKCJE:
CIASTO:
a) Zacznij od dodania masła, wody, mleka, soli i cukru do małego garnka. W osobnej misce przygotuj przesianą mąkę. Rozgrzej garnek na średnim ogniu i delikatnie wymieszaj składniki, aby się połączyły.

b) Gdy mieszanina zacznie wrzeć, zmniejsz ogień do niskiego i zdejmij garnek ze źródła ciepła na chłodną powierzchnię, np. kamienny blat.

c) Natychmiast dodaj mąkę i lekko zamieszaj, a następnie ponownie postaw garnek na kuchence na małym ogniu. Upewnij się, że cała mąka jest w pełni zintegrowana. Dociśnij ciasto do dna i boków garnka, aby usunąć nadmiar wilgoci i ugotuj mąkę. Kontynuuj przez około 2 minuty, aż ciasto stanie się gęste i elastyczne.

d) Przenieś mieszaninę ciasta do średniej wielkości miski do miksowania. Krótko wymieszaj mikserem ręcznym lub trzepaczką, aby go rozbić i poczekaj, aż całkowicie ostygnie.

e) Czekając, aż ciasto ostygnie, rozgrzej piekarnik do 200°C i przygotuj końcówkę do wyciskania oraz torebkę. Blachę do pieczenia wyłóż papierem pergaminowym.

f) W osobnej misce ubij jajka. Gdy ciasto ostygnie, dodaj połowę ubitych jajek i wymieszaj, aż składniki się połączą. Dodaj pozostałe jajka i ponownie wymieszaj, aż wszystko połączy się w gładką, gęstą mieszankę.
g) Przełóż mieszaninę do przygotowanego rękawa cukierniczego i uformuj spiralne kopczyki na blasze do pieczenia. Zwilż opuszki palców i delikatnie dotknij wierzchołka każdego kopca, aby je zaokrąglić.
h) Przygotuj masę jajeczną, ubijając żółtko z wodą, a następnie delikatnie posmaruj kopczyki.
i) Piec w piekarniku przez 10 minut w temperaturze 150°C, następnie zmniejszyć temperaturę do 325°F i piec przez kolejne 20-22 minuty. Muszle powinny mieć utwardzoną powierzchnię zewnętrzną i jasnobrązowy kolor. Przed dodaniem nadzienia poczekaj, aż całkowicie ostygną.

KREM DALGONA WYPEŁNIENIE:
j) W misce wymieszaj gęstą śmietanę, 1 ½ łyżki cukru i ekstrakt waniliowy, aż utworzą się średnie szczyty.
k) W drugiej misce wymieszaj kawę rozpuszczalną, 1 łyżkę cukru i gorącą wodę. Jeśli używasz miksera ręcznego, zacznij ubijać na niskich obrotach, aż składniki się połączą, a następnie przełącz na wysokie, aby uzyskać krem dalgona. Jeśli ubijasz ręcznie, ubij energicznie.
l) Do bitej śmietany dodać krem dalgona.

GROMADZIĆ SIĘ:
m) Odkrój wierzchołki kremowych ptysiów i nałóż łyżką lub rurką żądaną ilość kremowego nadzienia dalgona.

19. Ptysie z kremem w sosie espresso

SKŁADNIKI:
DMUCHNIĘCIA:
- ½ szklanki wody
- ¼ szklanki solonego masła, pokrojonego
- ½ łyżeczki cukru granulowanego
- ¼ łyżeczki soli
- ½ szklanki mąki uniwersalnej
- 3 duże jajka, podzielone
- cukier puder, do posypania

KREM WANILIOWY Z MASKARPONEM:
- 1 (8-uncjowy) pojemnik serka mascarpone
- 1 filiżanka przekąski na budyń o smaku waniliowym
- 2 łyżki cukru pudru
- 1 łyżeczka ekstraktu waniliowego

SOS CZEKOLADOWO-ESPRESSO:
- 4 uncje posiekanej gorzkiej czekolady
- ½ szklanki gęstej śmietany do ubijania
- 2 łyżeczki zmielonych ziaren espresso

INSTRUKCJE:
a) Rozgrzej piekarnik do 400 stopni i wyłóż blachę do pieczenia papierem pergaminowym. Na pergaminie narysuj sześć kół o średnicy 2 ¼ cala, rozmieszczonych w odległości 2 cali od siebie. Odwróć papier na blasze do pieczenia i odłóż go na bok.

b) W rondlu wymieszaj wodę, masło, cukier granulowany i sól. Doprowadzić mieszaninę do wrzenia. Dodaj mąkę na raz i smaż, energicznie mieszając drewnianą łyżką, przez 2 minuty. Zdjąć z ognia i pozostawić do ostygnięcia na 5 minut. Dodawaj po 2 jajka, po każdym dobrze ubijając drewnianą łyżką.

c) Napełnij ciastem rękaw cukierniczy wyposażony w ½-calową zwykłą końcówkę ciasta. Wyciskaj ciasto spiralami na pergamin, zaczynając od krawędzi kółek i kierując się w stronę środka, stopniowo podnosząc torebkę. Posmaruj ciasto pozostałym ubitym jajkiem, lekko wygładzając jego powierzchnię.

d) Piec przez 25 do 30 minut lub do momentu, aż ptysie staną się złotobrązowe i twarde. Drewnianą wykałaczką zrób dziurki w każdym cieście, aby umożliwić ujście pary. Przełożyć je na metalową kratkę do ostygnięcia.

e) Przygotuj waniliowy krem mascarpone: W średniej misce połącz serek mascarpone, budyń waniliowy w kubku na przekąskę, cukier puder i ekstrakt waniliowy. Odłożyć na bok.
f) Przygotuj sos czekoladowo-espresso: Umieść czekoladę w małej żaroodpornej misce i odłóż na bok. Połącz ciężką śmietankę i ziarna espresso w misce, którą można używać w kuchence mikrofalowej. Kuchenkę mikrofalową na wysokim poziomie przez 1 minutę lub do momentu, aż zacznie wrzeć. Przecedź mieszaninę przez sito o drobnych oczkach umieszczone nad miską z czekoladą, aby usunąć pozostałości espresso.
g) Pozostaw mieszaninę czekolady i espresso na 1 minutę, a następnie wymieszaj ją, aż będzie gładka.
h) Ptysie z kremem przekrój w poprzek na pół. Na dolne połówki nałóż krem waniliowy i mascarpone. Wymień wierzchołki. Na wierzch wylej sos czekoladowo-espresso. W razie potrzeby przesiej je dodatkowym cukrem pudrem.

20. Ptysie z kremem Chai

SKŁADNIKI:
NA PASZTET A CHOUX
- 1 szklanka wody
- ½ szklanki masła, pokrojonego w kostkę
- ½ łyżeczki soli
- 1 łyżka cukru
- 1 szklanka mąki
- 4 jajka

DO NADZIENIA Z BITĄ ŚMIETANĄ CHAI
- 1 ½ szklanki gęstej śmietanki
- ¼ szklanki koncentratu chai
- ¾ szklanki kawałków białej czekolady, roztopionych
- Mielony cynamon

INSTRUKCJE:
NA PATE A CHOUX:
a) Rozgrzej piekarnik do 425°F.
b) Blachę do pieczenia wyłóż papierem pergaminowym i odłóż na bok. W średnim rondlu ustawionym na średnim ogniu wymieszaj wodę, masło, sól i cukier.
c) Gotuj, aż masło się roztopi, a mieszanina lekko wrze. Zdejmij mieszaninę z ognia i wymieszaj drewnianą łyżką z mąką. Umieść mieszaninę z powrotem na ogniu i kontynuuj mieszanie, aż mieszanina zacznie odchodzić od ścianek patelni i uformuje się kula.
d) Zdjąć z ognia i pozostawić mieszaninę do ostygnięcia na 4-5 minut. Mieszaj jajka, jedno po drugim. Mieszanka może pękać lub rozpadać się przy każdym dodaniu, ale powinna złączyć się ponownie przed dodaniem dodatkowego jajka. Ciasto powinno być lśniące i mieć gładką konsystencję.
e) Przenieś go do rękawa cukierniczego wyposażonego w dużą okrągłą końcówkę (np. łącznik) i wyciśnij na blachę do pieczenia w odstępach około 2 cali. Użyj niewielkiej ilości wody, aby wygładzić szczyty każdego kopca ciasta.
f) Piec przez 10 minut w temperaturze 120°C, następnie zmniejszyć temperaturę piekarnika do 100°C i piec przez 15-20 minut lub do złotego koloru. Przed napełnieniem muszli poczekaj, aż całkowicie ostygną.

NA BITĄ ŚMIETANĘ CHAI NADZIENIE:

g) Przed rozpoczęciem upewnij się, że wszystko jest zimne, łącznie z miską miksera.
h) W mikserze wyposażonym w końcówkę do ubijania ubijaj ciężką śmietankę na średnio-wysokiej prędkości, aż powstanie sztywna piana. Wymieszaj koncentrat chai, aż się połączy.
i) Schłodź mieszaninę w lodówce, aż będzie potrzebna.

ZŁOŻYĆ:

j) Napełnij rękaw do wyciskania z dużą okrągłą końcówką (taki jak Wilton 12) nadzieniem z bitej śmietany chai.
k) Włóż końcówkę rękawa cukierniczego do dna schłodzonej muszli z kremem ptysiowym. Wlej napełnianie do schłodzonej muszli, aż zacznie lekko wyciekać.
l) Napełnione ptysie maczamy w roztopionej białej czekoladzie i posypujemy mielonym cynamonem. Cieszyć się!

ORZECHOWE KREMOWE PUFY

21. Ptysie z kremem migdałowym

SKŁADNIKI:
- 1 szklanka wody
- ½ szklanki niesolonego masła
- 1 Mąkę o wszechstronnym przeznaczeniu
- 4 duże jajka
- ¼ łyżeczki soli
- 1 szklanka kremu migdałowego
- Migdały w plasterkach do dekoracji

INSTRUKCJE:
a) Rozgrzej piekarnik do 220°C (425°F).
b) W rondlu zagotuj wodę, sól i masło.
c) Mieszaj mąkę, aż powstanie gładkie ciasto.
d) Zdjąć z ognia, lekko ostudzić.
e) Dodawaj jajka, jedno po drugim, dobrze mieszając po każdym.
f) Rozwałkuj ciasto na małe krążki na blasze do pieczenia.
g) Piec 20-25 minut.
h) Napełnij ptysie kremem z ciasta migdałowego.
i) Udekoruj plasterkami migdałów.

22. Ptysie z kremem pralinowo-orzechowym

SKŁADNIKI:

- 1 szklanka wody
- ½ szklanki niesolonego masła
- 1 Mąkę o wszechstronnym przeznaczeniu
- 4 duże jajka
- ¼ łyżeczki soli
- 1 szklanka pasty pralinowej z orzechów laskowych
- ¼ szklanki posiekanych prażonych orzechów laskowych

INSTRUKCJE:

a) Rozgrzej piekarnik do 220°C (425°F).
b) W rondlu zagotuj wodę, sól i masło.
c) Mieszaj mąkę, aż powstanie gładkie ciasto.
d) Zdjąć z ognia, lekko ostudzić.
e) Dodawaj jajka, jedno po drugim, dobrze mieszając po każdym.
f) Rozwałkuj ciasto na małe krążki na blasze do pieczenia.
g) Piec 20-25 minut.
h) Wypełnij pastą pralinową z orzechów laskowych.
i) Posypać posiekanymi, prażonymi orzechami laskowymi.

23. Ptysie z kremem z orzechów laskowych i prażonych pianek marshmallow

SKŁADNIKI:
PRALINA Z ORZECHÓW LASKOWYCH:
- 100 g orzechów laskowych
- 30 g cukru kryształu
- 12 g wody

KREM DO CIASTA PRALINOWEGO:
- 142 g pełnego mleka
- 75 g pasty pralinowej
- 230 g gęstej śmietanki
- 50 g cukru kryształu
- 22 g skrobi kukurydzianej
- 45 g żółtek
- 45 g niesolonego masła o temperaturze pokojowej

Ciasteczka dla Choux:
- 180 g jasnego brązowego cukru
- 150 g mąki uniwersalnej
- 30 g mąki migdałowej
- 85 g niesolonego masła, pokrojonego na ¼-calowe kawałki

PÂTE À CHOUX:
- 250g wody
- 125 g niesolonego masła o temperaturze pokojowej
- 2,5 g soli koszernej
- 138 g mąki uniwersalnej
- 250 do 275 g jajek

BEZ SZWAJCARSKA:
- 100 g białek jaj
- 150 g cukru kryształu

INSTRUKCJE:
PRALINA Z ORZECHÓW LASKOWYCH:
a) Rozgrzej piekarnik do 300°F. Blachę do pieczenia wyłóż papierem pergaminowym i upraż orzechy laskowe na bardzo lekko złoty kolor. Nie przesadzaj z tostami, ponieważ po karmelizowaniu będą nadal się gotować.
b) Pocieraj orzechy laskowe, aby usunąć ich skórkę.
c) Połącz cukier i wodę w małym rondlu ustawionym na średnim ogniu. Doprowadzić do wrzenia i gotować przez 1 minutę.

d) Dodaj ciepłe orzechy laskowe i mieszaj, aż zostaną równomiernie pokryte i karmelizowane.
e) Przenieś karmelizowane orzechy laskowe na pergaminową lub wyłożoną silpatem blachę do pieczenia, aby całkowicie ostygły.
f) Zmiksuj 80 g karmelizowanych orzechów laskowych, aż masa będzie przypominać mąkę kukurydzianą, następnie dodaj mleko i mieszaj, aż masa będzie gładka. Odłóż pozostałe 20 g karmelizowanych całych orzechów laskowych.

KREM DO CIASTA PRALINOWEGO:
g) Podgrzej mieszaninę mleka pralinowego i gęstej śmietany w rondlu na średnim ogniu, ciągle mieszając.
h) W małej misce wymieszaj cukier i skrobię kukurydzianą, dodaj żółtka i ubijaj, aż masa będzie jasna.
i) Powoli dodawaj ¼ mieszanki mlecznej do żółtek, następnie włóż z powrotem do rondla i gotuj, aż zgęstnieje.
j) Zdejmij z ognia, dodaj masło i przecedź przez sito o drobnych oczkach. Ostudzić, przykryć folią spożywczą i wstawić do lodówki na 2 godziny lub na noc.

Ciasteczka dla Choux:
k) W misie miksera stacjonarnego wymieszaj brązowy cukier, mąkę uniwersalną i mączkę migdałową.
l) Dodaj masło i mieszaj, aż się połączy, tworząc kruszonkę.
m) Rozwałkuj ciasto między pergaminem na grubość 1/16 cala. Zamrażaj, aż będzie zimno.

PÂTE À CHOUX:
n) Rozgrzej piekarnik do 375°F.
o) W rondlu wymieszaj wodę, masło i sól. Mieszaj, aż masło się rozpuści.
p) Mieszaj mąkę, aż ciasto zacznie odchodzić od boków i będzie błyszczące.
q) Ciasto przełożyć do miski miksera i miksować na niskich obrotach.
r) Stopniowo dodawaj jajka, aż ciasto zacznie odchodzić od boków, ale lekko będzie się kleiło.
s) Ciasto przełożyć do rękawa cukierniczego i wyciskać na papier do pieczenia lub pergamin, kierując się szablonem.
t) Połóż ciasteczka na wierzchu wydrążonego choux i lekko dociśnij, aby zabezpieczyć.
u) Piec w temperaturze 375°F, następnie zmniejsz do 350°F na 30-35 minut, a następnie 325°F na kolejne 10 minut.

BEZ SZWAJCARSKA:

v) Połącz białka z cukrem w misie miksera ustawionej nad gotującą się wodą. Ubijaj, aż osiągnie temperaturę 60°C.

w) Ubijaj na średnio-wysokiej prędkości przez 5-8 minut, aż utworzą się błyszczące i sztywne szczyty.

MONTAŻ:

x) Przekrój kremowe ptysie do ¾ wysokości.
y) Wyciśnij krem z ciasta pralinowego do ptysiów.
z) Wylej bezę szwajcarską na krem z ciasta.
aa) Delikatnie podgrzej bezę palnikiem butanowym.
bb) Załóż z powrotem górę ciasta.
cc) Wyciśnij na wierzch małą kropkę bezy i udekoruj całymi i przekrojonymi na pół karmelizowanymi orzechami laskowymi.
dd) Natychmiast podawaj.

24. Ptysie z kremem pistacjowym

SKŁADNIKI:

- 1 szklanka wody
- ½ szklanki niesolonego masła
- 1 Mąkę o wszechstronnym przeznaczeniu
- 4 duże jajka
- ¼ łyżeczki soli
- 1 szklanka kremu pistacjowego
- Posiekane pistacje do dekoracji

INSTRUKCJE:

a) Rozgrzej piekarnik do 220°C (425°F).
b) W rondlu zagotuj wodę, sól i masło.
c) Mieszaj mąkę, aż powstanie gładkie ciasto.
d) Zdjąć z ognia, lekko ostudzić.
e) Dodawaj jajka, jedno po drugim, dobrze mieszając po każdym.
f) Nakładać łyżką na blachę do pieczenia.
g) Piec 20-25 minut.
h) Napełnij bułeczki kremem z ciasta pistacjowego.
i) Udekoruj posiekanymi pistacjami.

25. Ptysie z kremem pistacjowo-malinowym

SKŁADNIKI:

- 1 szklanka wody
- ½ szklanki niesolonego masła
- 1 Mąkę o wszechstronnym przeznaczeniu
- 4 duże jajka
- ¼ łyżeczki soli
- 1 szklanka kremu pistacjowego
- ½ szklanki kompotu malinowego

INSTRUKCJE:

a) Rozgrzej piekarnik do 220°C (425°F).
b) W rondlu zagotuj wodę, sól i masło.
c) Mieszaj mąkę, aż powstanie gładkie ciasto.
d) Zdjąć z ognia, lekko ostudzić.
e) Dodawaj jajka, jedno po drugim, dobrze mieszając po każdym.
f) Nakładać łyżką na blachę do pieczenia.
g) Piec 20-25 minut.
h) Napełnij kremowe ptysie kremem z ciasta pistacjowego i łyżką kompotu malinowego.

26. Ptysie z kremem pralinowym

SKŁADNIKI:
DLA CRAQUELINA:
- 85 g niesolonego masła, miękkiego (temperatura pokojowa)
- 100 g brązowego cukru
- 100g mąki

NA CIASTO CHUX:
- 125g wody
- 125 g mleka
- 100 g masła
- 6 g cukru
- ½ łyżeczki soli
- 150 g mąki zwykłej (uniwersalnej).
- 4 jajka, temperatura pokojowa

NA PASTA PRALINOWA:
- 125 g orzechów laskowych
- 125 g migdałów
- 150 g cukru pudru
- 15 g wody

NA KREM PRALINOWY Z MOUSSELINE:
- 4 żółtka
- 80 g cukru pudru
- 40 g skrobi kukurydzianej
- 10 g mąki
- 480 g mleka
- 1 laska wanilii przecięta wzdłuż i zeskrobana
- 15 g masła, zimnego, pokrojonego w kostkę
- 200 g pasty pralinowej
- 150 g masła, miękkiego (temperatura pokojowa)

NA KREM CHANTILLY:
- 300 ml gęstej śmietany, zimnej
- 1,5 łyżki cukru pudru
- 1 laska wanilii przecięta wzdłuż i zeskrobana

DO MONTAŻU:
- Cukier puder
- Karmelizowane orzechy (zarezerwowane z pasty pralinowej)

INSTRUKCJE:
DLA CRAQUELINA:

a) W średniej misce utrzyj masło z brązowym cukrem, aż masa będzie gładka i jasna.
b) Dodaj mąkę i wymieszaj, aż powstanie miękkie ciasto, uważając, aby nie wymieszać zbyt długo.
c) Umieść ciasto pomiędzy dwoma kawałkami papieru do pieczenia, rozwałkuj je na grubość 2 mm i włóż do zamrażarki na 1 godzinę lub do momentu użycia.

NA CIASTO CHUX:
d) Rozgrzej piekarnik do 180°C/350°F. Blachę do pieczenia wyłóż papierem pergaminowym.
e) W dużym rondlu wymieszaj wodę, mleko, masło, cukier i sól. Doprowadzić do wrzenia, następnie zdjąć z ognia i od razu dodać mąkę. Mieszaj, aż znikną smugi mąki i zacznie tworzyć się ciasto.
f) Postaw rondel ponownie na średnim ogniu i gotuj przez 1-2 minuty, aż pasta zacznie odchodzić od brzegów patelni.
g) Ciasto przełożyć do miski miksera wyposażonej w łopatkę. Mieszaj na niskiej-średniej prędkości przez 3 minuty, aby ostudzić ciasto i odparować parę/wilgoć.
h) Dodawaj jajka pojedynczo, dobrze mieszając po każdym dodaniu, aż do uzyskania pożądanej konsystencji.
i) Przełożyć pastę do rękawa cukierniczego wyposażonego w gładką, okrągłą końcówkę i wycisnąć choux na wyłożoną papierem blachę do pieczenia.
j) Połóż craquelin na wierzchu każdego wytłoczonego ciasta ptysiowego i delikatnie dociśnij.
k) Piec w piekarniku nagrzanym do 180°C przez 25-30 minut.

NA PASTA PRALINOWA:
l) Piec orzechy laskowe i migdały w temperaturze 180°C przez 10 minut. Za pomocą czystego ręcznika kuchennego zetrzyj skórkę z orzechów laskowych.
m) W rondelku wymieszaj cukier i wodę. Doprowadzić mieszaninę do wrzenia na dużym ogniu, aż osiągnie bursztynowy kolor.
n) Dodać orzechy i wymieszać tak, aby pokryły się karmelem. Wyłóż karmelizowane orzechy na wyłożoną papierem blachę do pieczenia, równomiernie rozprowadź i pozostaw do ostygnięcia.
o) Pralinę połamać i zachować około 50 g. W blenderze/robocie kuchennym o dużej mocy rozdrobnij pozostałą pralinę przez około 10

minut, aż powstanie płynna pasta. W razie potrzeby dodać 1-2 łyżki neutralnego oleju.

NA KREM PRALINOWY Z MOUSSELINE:
p) Żółtka ubijamy z cukrem, aż uzyskamy blady kolor.
q) Dodać skrobię kukurydzianą i mąkę, wymieszać na gładką masę i odstawić.
r) Do rondla dodać mleko, laskę wanilii i oskrobane nasiona, doprowadzić do wrzenia. Wyjmij laskę wanilii.
s) Stopniowo wlewaj gorące mleko do masy jajecznej, aby zahartować żółtka. Włóż mieszaninę z powrotem do pieca i gotuj, aż zgęstnieje.
t) Zdjąć z ognia, dodać zimne masło i mieszać aż do całkowitego rozpuszczenia.
u) Kremówkę przelać do miski, przykryć folią spożywczą i wstawić do lodówki do wystygnięcia.
v) Przełóż krem cukierniczy do miski miksera, ubij mieszaninę, dodaj pastę pralinową i mieszaj, aż składniki dobrze się połączą.
w) Dodawaj po trochu zmiękczone masło, dobrze ubijając pomiędzy każdym dodaniem, aż masa będzie lśniąca i kremowa.

NA KREM CHANTILLY:
x) Ubić zimną śmietanę na sztywną pianę, dodać cukier puder i ziarenka wanilii i ubić na sztywną pianę.

MONTAŻ:
y) Odetnij wierzchołki ptysiów.
z) Na spód kremowych ptysiów wyciśnij pralinowy krem musowy i wygładź.
aa) Na wierzch wyciśnij krem Chantilly, zaczynając od zewnętrznej strony.
bb) Na wierzchu ułożyć odcięty krem ptysiowy.
cc) Na koniec posypujemy cukrem pudrem i dekorujemy karmelizowanymi orzechami.
dd) Podawaj i ciesz się!

27. Ptysie z kremem z ciasta orzechowego

SKŁADNIKI:
DLA CRAQUELINU Z BRĄZOWEGO CUKRU:
- ¾ szklanki brązowego cukru pudru
- 10 łyżek niesolonego masła o temperaturze pokojowej
- 1 szklanka przesianej mąki
- ⅛ łyżeczki soli

NA PURKI Z KREMEM (CIASTO CHUX):
- 125 gramów wody (½ szklanki + 1 łyżka stołowa)
- 125 gramów pełnego mleka (½ szklanki + 1 łyżka stołowa)
- 5 gramów cukru (½ łyżeczki)
- 5 gramów soli (½ łyżeczki)
- ½ szklanki niesolonego masła (1 kostka)
- 140 gramów mąki (¾ szklanki + 2 łyżki)
- 4 jajka

DO NADZIENIA PECAN:
- ½ szklanki niesolonego masła, pokrojonego w kostkę (1 kostka)
- ⅓ szklanki miodu
- ½ szklanki brązowego cukru pudru
- 2 żółtka
- ¼ łyżeczki soli
- 1 łyżeczka pasty z ziaren wanilii
- 2 szklanki prażonych posiekanych orzechów pekan

BITĄ ŚMIETANKĘ Z WANILIĄ BOURBON:
- 2 szklanki gęstej (ubijanej) śmietany
- ½ szklanki cukru pudru
- 1 łyżeczka pasty z ziaren wanilii
- 2 łyżki bourbona

INSTRUKCJE:
WYKONANIE CRAQUELINU Z BRĄZOWEGO CUKRU:

a) W misie miksera stacjonarnego wymieszaj masło i brązowy cukier. Mieszaj, aż będzie gładkie.

b) Dodaj mąkę i sól, mieszaj, aż składniki zostaną całkowicie połączone i gładkie. Zbierz mieszaninę za pomocą skrobaczki i umieść ją pomiędzy dwoma arkuszami pergaminu. Rozwałkuj go na grubość około ⅛ cala, a następnie zamroź mieszaninę masła na około 5 minut.

c) Po schłodzeniu za pomocą 2-calowego okrągłego noża wytnij 24 rundy craqueliny. W razie potrzeby możesz ponownie zwinąć skrawki. Umieść rundy w zamrażarce, aż będą potrzebne.

PRZYGOTOWANIE KREMÓW KREMOWYCH (Ciasta Choux):

d) Rozgrzej piekarnik do 400°F. Blachę do pieczenia wyłóż pergaminem i odłóż na bok.
e) W rondelku połącz wodę, mleko, cukier, sól i masło. Doprowadzić do wrzenia na średnim ogniu.
f) Gdy się zagotuje, dodaj mąkę i szybko mieszaj, aż masa stanie się gładka i błyszcząca, odklejając się od ścianek patelni.
g) Przenieść mieszaninę do miski miksera stojącego. Mikserem na niskich obrotach dodawaj po jednym jajku, aż ciasto będzie gładkie.
h) Na przygotowane blachy do pieczenia uformuj kopczyki ciasta parzonego i połóż na nich krążek krakeliny. Piec zgodnie z instrukcją.

PRZYGOTOWANIE NADZIENIA PECAN :

i) W rondelku wymieszaj masło, miód, brązowy cukier, żółtka i sól. Podgrzewaj na średnim ogniu, od czasu do czasu mieszając, aż cukier się rozpuści i mieszanina zagotuje.
j) Pozwól mu się zagotować przez minutę, a następnie zdejmij z ognia.
k) Dodać pastę waniliową i posiekane orzechy pekan, wymieszać do połączenia. Pozwól mieszaninie ostygnąć i zgęstnieć.

PRZYGOTOWANIE BITEJ ŚMIETANKI Z WANILIĄ BOURBON:

l) Do miski miksera wyposażonej w końcówkę do ubijania włóż zimną śmietankę, cukier puder i pastę z ziaren wanilii. Ubijaj, aż śmietanka zgęstnieje i uformuje szczyty.
m) Stopniowo wlewaj bourbon, miksując na niskich obrotach. Mieszaj, aż dobrze się połączą.

MONTAŻ:

n) Delikatnie przekrój schłodzone ptysie i wyłóż nadzienie orzechowe na spód każdego z nich. Na wierzch połóż bitą śmietanę i pokrywkę z ptysiowego kremu.
o) W razie potrzeby udekoruj dodatkową bitą śmietaną i całym orzechem orzechowym. Delektuj się ptysiami tego samego dnia, aby craquelin był chrupiący.

KREMOWE PUFY Z SEREM

28. Kremowe Ptysie z Kozim Serem

SKŁADNIKI:
DO KREMOWYCH PUFÓW:
- 110 g (4 uncje) zwykłej mąki
- 175 ml (6 uncji) wody
- ½ łyżeczki drobnej soli
- 75 g (3 uncje) masła, posiekanego
- 3 średnie jajka, ubite

PRZYPRAWA CZERWONEJ CEBULI:
- 2 czerwone cebule, drobno pokrojone
- 2 gałązki tymianku, zerwane liście
- 2 łyżeczki octu balsamicznego
- 1 łyżeczka miękkiego brązowego cukru

Do WYPEŁNIENIA:
- 200 g (7 uncji) miękkiego sera koziego
- 100ml śmietany do ubijania lub śmietanki podwójnej

INSTRUKCJE:

a) Rozgrzej piekarnik do gazu 6, 200°C, termowentylator 180°C. Dużą blachę do pieczenia wyłóż papierem do pieczenia. Na kawałek papieru pergaminowego przesiej mąkę.

b) W rondlu podgrzej wodę, sól i masło, aż masło się rozpuści. Doprowadź do wrzenia, zdejmij z ognia i za jednym razem dodaj mąkę. Energicznie ubijaj drewnianą łyżką, aż masa będzie gładka i uformuje kulę.

c) Ponownie postaw patelnię na małym ogniu i ubijaj przez pół minuty. Zdjąć z ognia i pozostawić do lekkiego ostygnięcia.

d) Wbijaj jajka, jedno po drugim i stopniowo dodawaj ostatnie jajko, aż ciasto będzie lśniące i miękkie.

e) Wylewaj masę ciasta na papier do pieczenia małymi kopczykami, zachowując odpowiednie odstępy.

f) Piec przez 20 minut lub do momentu, aż dobrze wyrośnie i będzie złociste. Nakłuj bok każdej bułki ostrym nożem, aby umożliwić ujście pary. Włóż ponownie do piekarnika na 2 minuty, aby się zarumieniło, a następnie przenieś na kratkę, aby ostygły.

g) W międzyczasie przygotuj przyprawę do czerwonej cebuli: na dużej patelni rozgrzej oliwę z oliwek, dodaj cebulę, tymianek, przyprawy i smaż przez 15 minut, często mieszając. Dodaj cukier i ocet balsamiczny i gotuj przez 2-3 minuty lub do momentu karmelizacji. Odstawić do ostygnięcia.

h) Ubić śmietanę i delikatnie dodać kozi ser, doprawić czarnym pieprzem.

i) Przed podaniem przełóż śmietankę z koziego sera do rękawa cukierniczego i wyciśnij łyżkę do każdego ptysia. Na wierzch połóż łyżkę aromatu czerwonej cebuli i natychmiast podawaj. Ciesz się kremowymi ptysiami z kozim serem!

29. Ptysie z kremem sernikowo-truskawkowy

SKŁADNIKI:
- 1 szklanka wody
- ½ szklanki niesolonego masła
- 1 Mąkę o wszechstronnym przeznaczeniu
- 4 duże jajka
- ¼ łyżeczki soli
- 1 szklanka nadzienia serowego
- 1 szklanka świeżych truskawek, pokrojonych w plasterki

INSTRUKCJE:
a) Rozgrzej piekarnik do 220°C (425°F).
b) W rondlu zagotuj wodę, sól i masło.
c) Mieszaj mąkę, aż powstanie gładkie ciasto.
d) Zdjąć z ognia, lekko ostudzić.
e) Dodawaj jajka, jedno po drugim, dobrze mieszając po każdym.
f) Rozwałkuj ciasto na małe krążki na blasze do pieczenia.
g) Piec 20-25 minut.
h) Napełnij ptysie nadzieniem z serka śmietankowego i połóż na nich plasterki świeżych truskawek.

30. Ciasto francuskie z sernikiem Kabocha

SKŁADNIKI:
DLA CRAQUELINA:
- 25 g (2 łyżki) niesolonego masła, miękkiego
- 25 g (2 łyżki) brązowego cukru
- 25 g (4 łyżki) mąki uniwersalnej
- Kilka kropli pomarańczowego barwnika spożywczego (opcjonalnie)

NA PÂTE À CHOUX:
- 57 ml (¼ szklanki) wody
- 57 ml (¼ szklanki) pełnego mleka
- ½ łyżeczki cukru
- ½ łyżeczki soli
- 57 g (¼ szklanki) niesolonego masła
- 70 g (½ szklanki i 2 łyżki) mąki uniwersalnej
- 110 g (~2 ½) dużych jaj, lekko ubitych

NA NADZIENIE SERNIKA KABOCHA:
- 210 g (1 szklanka) dyni kabocha, gotowanej na parze i puree
- 226 g (1 blok) serka śmietankowego, temperatura pokojowa
- 240 g (1 szklanka) ciężkiej śmietany do ubijania
- 60 g (½ szklanki) cukru pudru

INSTRUKCJE:
KRAKIELIN:
a) W średniej misce połącz wszystkie składniki i wymieszaj gumową szpatułką na gładką masę.
b) Rozwałkuj ciasto Craquelin na grubość ⅛ cala. Za pomocą foremki do ciastek wytnij 10 2-calowych kółek. Odłożyć na bok.

PÂTE À CHOUX:
c) Rozgrzej piekarnik do 180°C (350°F).
d) W rondlu wymieszaj wodę, mleko, cukier, sól i masło. Doprowadź do lekkiego wrzenia, zdejmij z ognia i natychmiast dodaj całą mąkę. Szybko wmieszaj mąkę i ponownie postaw rondelek na średnim ogniu.
e) Mieszaj mieszaninę stale, aż stanie się gładka, około 1-2 minut. Powinno przypominać suche puree ziemniaczane i odchodzić od brzegów patelni.
f) Przenieść pastę do miski miksera wyposażonego w przystawkę do mieszania. Mieszaj na niskich obrotach, aby ostudzić choux.
g) Podczas gdy mikser pracuje na średnim poziomie, stopniowo dodawaj lekko ubite jajka. Mieszaj, aż dobrze się połączą.

h) Przełóż pâte à choux do rękawa cukierniczego z okrągłą końcówką. Wyciśnij 10 kopczyków na przygotowaną blachę do pieczenia, pozostawiając około 2 cali między każdym zaciągnięciem. Jeśli robisz choux z blatem craquelin, dodaj craquelin do kopców choux.
i) Włóż blachę do pieczenia do piekarnika i od razu piecz ptysie przez 35 minut. Obróć blachę do pieczenia i zmniejsz temperaturę piekarnika do 160°C, a następnie piecz przez kolejne 10 minut, aż choux będzie głęboko złocisty. Wyjąć z piekarnika i odstawić na kratkę do ostygnięcia.

KABOCHA NADZIENIE:
j) Kabocha ugotuj na parze, aż będzie miękka jak widelec. Przed rozgnieceniem widelcem usuń skórkę. Pozwól, aby puree kabocha całkowicie ostygło.
k) W misie stojącego miksera wyposażonego w końcówkę do ubijania ubijaj ciężką śmietankę, aż utworzy się średnia piana (około 2-3 minuty). Bitą śmietanę przełóż do innej miski. (Zachowaj 3 łyżki do dekoracji, jeśli dekorujesz kremowe ptysie jako dynie)
l) W misie miksera wyposażonego w przystawkę do łopatek ubijaj serek śmietankowy na średnio-wysokich obrotach, aż będzie puszysty (około 2-3 minuty). Dodać cukier puder i ubijać do połączenia.
m) Za pomocą gumowej szpatułki wymieszaj bitą śmietanę z masą serową.
n) Dodaj schłodzoną i zmiksowaną kabochę za pomocą szpatułki, aż do całkowitego połączenia.
o) Przenieść mieszaninę do rękawa cukierniczego z otwartą końcówką w kształcie gwiazdy.

MONTAŻ:
p) Ząbkowanym nożem odetnij górę ptysiów.
q) Wyciśnij wgłębienia na parówki nadzieniem z sernika kabocha.
r) Na każde ptyś z kremem nałóż drugą połówkę choux, jak kapelusz.
s) Opcjonalnie wyciśnij kilka kawałków zielonej bitej śmietany na winorośl.
t) Natychmiast podawaj.

31. Ptysie z szynką i serem

SKŁADNIKI:
POŻYWNY:
- 1 karton (8 uncji) serka śmietankowego do smarowania ze szczypiorkiem i cebulą
- ½ szklanki majonezu
- 3 łyżki 2% mleka
- 1 szklanka pokrojonej w kostkę w pełni ugotowanej szynki
- 1 szklanka startego sera Cheddar
- 3 łyżki posiekanej słodkiej czerwonej papryki
- 1 łyżka mielonego szczypiorku
- 1 łyżka posiekanej świeżej natki pietruszki
- 1 zmielony ząbek czosnku

PTYSIE:
- 1 szklanka wody
- ½ szklanki pokrojonego w kostkę masła
- ¼ łyżeczki soli sezonowanej
- ⅛ łyżeczki sproszkowanego czosnku
- ⅛ łyżeczki sproszkowanej cebuli
- 1 szklanka mąki uniwersalnej
- 4 duże jajka
- 1 szklanka startego sera Cheddar
- 1 łyżka posiekanej świeżej natki pietruszki
- 1 łyżka mielonego szczypiorku
- Dodatkowo posiekana świeża pietruszka i szczypiorek

INSTRUKCJE:

a) W małej misce wymieszaj serek śmietankowy, majonez i mleko, aż dobrze się wymieszają. Wymieszaj szynkę, ser, słodką czerwoną paprykę, szczypiorek, pietruszkę i czosnek. Przykryj i przechowuj w lodówce, aż będzie gotowy do użycia.

b) W dużym rondlu zagotuj wodę, masło pokrojone w kostkę, sól, czosnek w proszku i cebulę w proszku. Dodaj mąkę na raz i mieszaj, aż uformuje się gładka kula. Zdjąć z ognia; odstaw na 5 minut. Dodawaj jajka, jedno po drugim, dobrze ubijając po każdym dodaniu. Kontynuuj ubijanie, aż mieszanina będzie gładka i błyszcząca. Wymieszaj ser, natkę pietruszki i szczypiorek.

c) Nałóż mieszaninę łyżeczką, w odległości 2 cali, na natłuszczoną blachę do pieczenia. Piec w temperaturze 400°F przez 20-25 minut lub do złotego koloru. Wyjmij na stojaki z drutu. Natychmiast rozłóż zaciągnięcia; zdejmij wierzchołki i odłóż je na bok. Wyjmij miękkie ciasto ze środka. Pozwól bułkom ostygnąć.

d) Tuż przed podaniem napełnij ptysie mieszanką szynki. Posypać dodatkową natką pietruszki i szczypiorkiem.

PUFY Z KREMEM CZEKOLADOWYM

32. Ptysie z gorącą czekoladą

SKŁADNIKI:
NA CIASTO CHUX:
- ½ szklanki wody
- ½ szklanki pełnego mleka
- ½ szklanki niesolonego masła
- 1 łyżka cukru granulowanego
- ¼ łyżeczki soli
- 1 Mąkę o wszechstronnym przeznaczeniu
- 4 duże jajka

DO GORĄCEGO NADZIENIA CZEKOLADOWEGO:
- 2 szklanki pełnego mleka
- ½ szklanki gęstej śmietanki
- 8 uncji ciemnej czekolady, drobno posiekanej
- 2 łyżki niesłodzonego kakao w proszku
- ¼ szklanki granulowanego cukru
- 2 łyżki skrobi kukurydzianej
- ¼ łyżeczki soli
- 1 łyżeczka ekstraktu waniliowego
- 2 łyżki niesolonego masła

NA BITĄ ŚMIETANĘ:
- 1 szklanka gęstej śmietanki
- 2 łyżki cukru pudru
- ½ łyżeczki ekstraktu waniliowego

INSTRUKCJE:
NA CIASTO CHUX:
a) Rozgrzej piekarnik do 200°C i wyłóż blachę do pieczenia papierem pergaminowym.
b) W średnim rondlu połącz wodę, mleko, masło, cukier i sól. Podgrzewaj na średnim ogniu, aż masło się roztopi i mieszanina zagotuje.
c) Zdjąć z ognia i za jednym razem dodać mąkę uniwersalną. Mieszaj energicznie, aż mieszanina utworzy kulę i zacznie odchodzić od ścianek patelni.
d) Pozostaw mieszaninę do ostygnięcia na kilka minut. Następnie dodawaj po jednym jajku, dobrze ubijając po każdym dodaniu, aż ciasto będzie gładkie.
e) Przełóż ciasto parzone do rękawa cukierniczego z dużą okrągłą końcówką.

f) Wyciskaj małe kopczyki ciasta na przygotowaną blachę do pieczenia, pozostawiając trochę odstępu między każdym kopczykiem.
g) Piec w nagrzanym piekarniku przez około 25-30 minut lub do momentu, aż pączki urosną i staną się złotobrązowe.
h) Wyjmij ptysie z kremem z piekarnika i pozostaw je do ostygnięcia na metalowej kratce.

DO GORĄCEGO NADZIENIA CZEKOLADOWEGO:

i) W średnim rondlu połącz mleko i gęstą śmietanę. Podgrzewaj mieszaninę na średnim ogniu, aż będzie gorąca, ale nie wrząca. Utrzymuj ciepło.
j) W osobnej misce wymieszaj kakao, cukier, skrobię kukurydzianą i sól.
k) Stopniowo dodawaj suchą mieszankę do ciepłego mleka i śmietany, cały czas mieszając. Kontynuuj gotowanie i mieszaj, aż mieszanina zgęstnieje.
l) Zdjąć z ognia i wymieszać z ciemną czekoladą i ekstraktem waniliowym, aż czekolada całkowicie się rozpuści, a nadzienie będzie gładkie.
m) Do gorącego nadzienia czekoladowego dodaj masło i mieszaj, aż całkowicie się połączy.
n) Pozwól nadzieniu lekko ostygnąć, a następnie przełóż je do rękawa cukierniczego.

NA BITĄ ŚMIETANĘ:

o) W schłodzonej misce ubijaj gęstą śmietanę, aż zacznie gęstnieć.
p) Dodać cukier puder i ekstrakt waniliowy. Kontynuuj ubijanie, aż utworzą się sztywne szczyty.

MONTAŻ:

q) Za pomocą ostrego noża ostrożnie przekrój schłodzone ptysie w poziomie na pół.
r) Wyciśnij nadzienie z gorącej czekolady na dolną połowę każdego ptysia.
s) Połóż górną połowę ciasta francuskiego z powrotem na nadzieniu, aby utworzyć kanapkę.
t) Na wierzch każdego ptysia nałóż obfitą porcję bitej śmietany.
u) W razie potrzeby ptysie można posypać kakao lub wiórkami czekoladowymi do dekoracji.
v) Podawaj ptysie z gorącą czekoladą i ciesz się, póki nadzienie jest jeszcze ciepłe.

33. Ptysie z kremem z masłem orzechowym Reese's

SKŁADNIKI:
NA BAZĘ MASŁA ORZECHOWEGO:
- 80 gramów kremowego masła orzechowego
- 20 gramów cukru pudru
- ¼ łyżeczki pasty waniliowej

NA POWŁOKĘ CZEKOLADOWĄ:
- 300 gramów gorzkiej czekolady

NA Piankowy Puch (FLØDEBOLLE SKUM):
- 85 gramów granulowanego cukru
- 40 gramów syropu glukozowego
- 25 gramów wody
- 50 gramów białek jaj
- 10 gramów granulowanego cukru
- ½ łyżeczki pasty waniliowej

DEKORACJA:
- Solone orzeszki ziemne

INSTRUKCJE:
BAZA MASŁA ORZECHOWEGO:
a) W misce wymieszaj masło orzechowe, cukier puder i pastę waniliową. Mieszaj, aż będzie gładkie. Przechowywać w lodówce podczas przygotowywania czekoladowej skorupy i pianki marshmallow.

POWŁOKA CZEKOLADOWA:
b) Temperuj ciemną czekoladę.
c) Rozłóż czekoladę do formy silikonowej tak, aby przykryła całą formę. Uderz foremką o blat i zamieszaj czekoladę, aby równomiernie ją pokryć.
d) Odwróć formę do góry nogami na kawałku papieru pergaminowego, aby nadmiar czekolady spłynął. Pozostałą czekoladę przechowuj w rękawie cukierniczym, aby zamknąć ptysie.
e) Połóż silikonową formę na małej desce, do góry nogami i poczekaj, aż zastygnie, a Ty będziesz pracować z pianką marshmallow.

Puch Piankowy (FLØDEBOLLE SKUM):
f) W małym garnku zagotuj wodę, syrop glukozowy i 85 gramów granulowanego cukru, aż osiągnie temperaturę 117°C (użyj termometru cukrowego).

g) Podczas gdy syrop się gotuje, ubijaj białka z dużą prędkością, aż uzyskają sztywną pianę. Stopniowo dodawaj 10 gramów granulowanego cukru i kontynuuj ubijanie.
h) Zdejmij syrop cukrowy z ognia i wlewaj go cienkim, równomiernym strumieniem do białek, ubijając na pełnych obrotach. Ubijaj przez 8-10 minut, aż puch będzie sztywny, następnie dodaj pastę waniliową.

ZŁOŻENIE:
i) Masę orzechową rozwałkować na macie silikonowej lub papierze do pieczenia posypanym cukrem pudrem na grubość 6 mm. Zamrozić na 10 minut.
j) Wyciśnij piankę marshmallow do czekoladowych skorupek.
k) Wyjmij bazę z masła orzechowego z zamrażarki i za pomocą 4 cm foremki do ciastek wytnij 6 kółek, tak aby pasowały do spodu kremowego ciasta.
l) Na wierzchu pianek marshmallow ułóż bazę masła orzechowego, a spód przykryj pozostałą czekoladą.
m) Zamrażaj przez 5 minut, aby ustawić. Dzięki temu łatwiej będzie je wyjąć z formy.
n) Delikatnie prześledź krawędź spodu kremu ptysiowego, aby uwolnić go z silikonowej formy, a następnie odwróć go i delikatnie wypchnij z formy. Naciśnij od góry, aby uniknąć uszkodzenia boków.
o) Opcjonalnie udekoruj drobno posiekanymi solonymi orzeszkami ziemnymi. Za pomocą palnika lekko podgrzej czekoladę, a następnie szybko posyp posiekanymi, solonymi orzeszkami ziemnymi, uważając, aby czekolada nie stopiła się zbytnio za pomocą palnika.

34. Ptysie z kremem czekoladowym

SKŁADNIKI:
NA CIASTO:
- 2 uncje masła, pokrojonego w kostkę
- ¼ litra gazowanej wody źródlanej
- 1 płaska łyżka złotego cukru pudru
- 2 ½ uncji zwykłej mąki przesianej na arkusz papieru do pieczenia
- 2 średnie jajka, lekko ubite

NA NADZIENIE (UBIJ SKŁADNIKI):
- Karton podwójnej śmietanki o pojemności 284 ml
- 1 łyżeczka ekstraktu waniliowego
- 1 płaska łyżeczka cukru pudru

NA polewę:
- 200 g (7 uncji) zwykłej czekolady roztopionej z 75 g (3 uncji) masła

INSTRUKCJE:
a) Na patelni o grubym dnie rozpuść masło z wodą i cukrem pudrem.
b) Doprowadź do wrzenia, wyłącz ogień i natychmiast wsyp całą mąkę.
c) Dokładnie ubijaj drewnianą łyżką, aż mieszanina utworzy gładką kulę na środku patelni.
d) Przełóż kulę do miski i studź przez 15 minut. Rozgrzej piekarnik do 220°C (z termoobiegiem 190°C), oznaczenie 7.
e) Stopniowo wbijaj jajka, aż masa będzie błyszcząca.
f) Posyp wodą nieprzywierającą blachę do pieczenia. Nałóż osiem dużych łyżek mieszanki na blachę do pieczenia.
g) Piec 30 minut, aż wyrosną i uzyskają złoty kolor. Wyłącz piekarnik.
h) Nakłuj każdą bułkę. Pozostawić w piekarniku na 10-15 minut. Studzimy na drucianej kratce.
i) Bułki przekrawamy na pół i wypełniamy kremem. Polać ciepłą roztopioną czekoladą. Ciesz się czekoladowymi ptysiami!

35. Ptysie z kremem pomarańczowym i białą czekoladą

SKŁADNIKI:

- 1 szklanka wody
- ½ szklanki niesolonego masła
- 1 Mąkę o wszechstronnym przeznaczeniu
- 4 duże jajka
- ¼ łyżeczki soli
- 1 szklanka ganache z białej czekolady
- Skórka z jednej pomarańczy

INSTRUKCJE:

a) Rozgrzej piekarnik do 220°C (425°F).
b) W rondlu zagotuj wodę, sól i masło.
c) Mieszaj mąkę, aż powstanie gładkie ciasto.
d) Zdjąć z ognia, lekko ostudzić.
e) Dodawaj jajka, jedno po drugim, dobrze mieszając po każdym.
f) Rozwałkuj ciasto na małe krążki na blasze do pieczenia.
g) Piec 20-25 minut.
h) Napełnij kremowe ptysie ganache z białej czekolady i udekoruj skórką pomarańczową.

36. Puff z bitą czekoladą i orzechami laskowymi

SKŁADNIKI:
CZEKOLADOWY KRAQUELIN:
- 115 g niesolonego masła o temperaturze pokojowej
- 100 g mąki uniwersalnej
- 20g kakao holenderskiego procesowego
- 120 g ciemnego brązowego cukru
- 1 łyżeczka pasty z ziaren wanilii

Ciasto Choux:
- 125 g pełnego mleka
- 125 g wody
- 110 g niesolonego masła, pokrojonego w kostkę
- 5 g soli koszernej
- 5 g pasty waniliowej
- 15 g cukru
- 165 g Mąka uniwersalna
- 240 g jajka, lekko ubite, plus więcej w razie potrzeby

śmietana czekoladowo-orzechowa Nadzienie :
- 530 g ciężkiej śmietany do ubijania
- ½ łyżeczki pasty waniliowej
- Szczypta soli
- 200 g ulubionego kremu czekoladowo-orzechowego (Nutella lub podobny)

INSTRUKCJE:
NA CZEKOLADOWY KRAQUELIN:
a) W mikserze stojącym wyposażonym w przystawkę do łopatek połącz wszystkie składniki craquelinu. Ubijaj na średnim ogniu, aż mieszanina się połączy.

b) Ciasto wyłożyć pomiędzy dwa arkusze papieru pergaminowego i rozwałkować na grubość 1-2 mm.

c) Zamroź ciasto między arkuszami pergaminu na około godzinę lub do momentu użycia. Można to zrobić wcześniej.

DLA CHOUX AU CRAQUELIN:
d) Rozgrzej piekarnik do 200°C i wyłóż dwie blachy do pieczenia papierem pergaminowym. Na każdym arkuszu narysuj 1 ¼" okręgów, zostawiając miejsce na rozłożenie.

e) Odwróć blachy do pieczenia stroną z rysunkiem do dołu.

f) Załóż duży rękaw do wyciskania z dużą okrągłą końcówką.

g) W średnim garnku połącz mleko, wodę, masło, sól, pastę waniliową i cukier. Podgrzewaj na średnim ogniu, aż mieszanina się zagotuje. Zdjąć z ognia.
h) Dodajemy mąkę na raz i szybko mieszamy drewnianą łyżką do połączenia. Mieszanka utworzy gęstą pastę.
i) Ponownie postaw garnek na ogniu, ciągle mieszając, i gotuj mieszaninę przez 2 minuty, aby wysuszyć. Przenieść do miski miksera stojącego wyposażonego w przystawkę do łopatek. Mieszaj na średniej prędkości przez 1 minutę, aby ostudzić.
j) Gdy mieszanina jest już na niskim poziomie, powoli dodaj 240 g ubitego jajka. Mieszaj przez 4 minuty lub do momentu, aż jajko całkowicie się wchłonie. Sprawdź konsystencję ciasta.
k) Przełóż ciasto parzone do rękawa cukierniczego i wyciskaj kopczyki na blachę do pieczenia, kierując się narysowanymi okręgami. Może być konieczne spłaszczenie wszelkich punktów mokrym opuszkiem palca.
l) Wyjmij craquelin z zamrażarki i umieść okrąg na każdym kopcu choux.
m) Piec przez 15 minut w temperaturze 400°F (200°C), a następnie zmniejszyć temperaturę piekarnika do 350°F (180°C). Piec kolejne 15-20 minut lub do momentu, aż ptysie będą złociste.
n) Za pomocą pałeczki zrób mały otwór z boku każdego ciasta i pozostaw je do ostygnięcia na kratce.
o) Jeśli pieczesz w dwóch partiach, powtórz proces z pozostałym ciastem.

NA BITĄ ŚMIETANKĘ CZEKOLADOWO-ORZECHOWĄ:

p) W mikserze stacjonarnym z końcówką do ubijania lub w dużej misce z trzepaczką ubijaj śmietanę, wanilię i sól na sztywno.
q) Za pomocą szpatułki wymieszaj masę czekoladowo-orzechową.
r) Bitą śmietanę przełóż do rękawa cukierniczego z okrągłą końcówką lub końcówką typu Bismarck.

MONTAŻ:

s) Ostrożnie wykonaj pałeczką otwór w dnie każdego ptysia z kremem.
t) Napełniaj ptysie pojedynczo, wkładając końcówkę do wyciskania i wyciskaj krem, aż ptyś będzie pełny.
u) Lekko posypujemy ptysie cukrem pudrem.
v) Podawaj nadziewane ptysie z kremem w ciągu kilku godzin. Wszelkie pozostałości przechowuj w hermetycznym pojemniku w lodówce. Cieszyć się!

37. Ciasteczka i Kanapki z Kremem Ptysiowym

SKŁADNIKI:
DLA CRAQUELINA:
- 6 łyżek (84 g) niesolonego masła o temperaturze pokojowej
- ⅓ szklanki (80 g) jasnego brązowego cukru w opakowaniu
- ½ szklanki (65 g) mąki uniwersalnej
- 3 łyżki (20g) przesianego kakao holenderskiego w proszku
- ⅛ łyżeczki soli

NA KREMOWE PUFY:
- 6 łyżek (84g) niesolonego masła, pokrojonego w kostkę
- 100 ml pełnego mleka
- 100 ml wody
- 1 łyżka stołowa (12g) cukru kryształu
- ¾ łyżeczki (3g) soli koszernej
- 1 szklanka (125 g) mąki uniwersalnej lub chlebowej, przesianej
- 4 duże jajka (200 ml) w temperaturze pokojowej
- Lody Cookies'n Cream (lub inny smak do wyboru) do podania

INSTRUKCJE:
DLA CRAQUELINA:
a) W misie miksującej utrzyj masło z brązowym cukrem na kremową masę. Dodaj mąkę, kakao w proszku i sól, mieszając, aż nie pozostaną smugi suchego składnika.
b) Rozwałkuj ciasto na grubość 2-3 mm pomiędzy dwoma arkuszami papieru pergaminowego lub folii plastikowej. Za pomocą foremki do ciastek o średnicy 1 ½ cala wytnij z ciasta 28 krążków.
c) Ułóż rundy na wyłożonej pergaminem blasze do pieczenia i włóż ponownie do zamrażarki, aż będą gotowe do użycia.

NA CIASTO CHUX:
d) Rozgrzej piekarnik do 375 stopni F i wyłóż jasną blachę do pieczenia papierem pergaminowym.
e) Umieść masło, mleko, wodę i sól w rondlu i mieszaj na średnim ogniu, aż masło się rozpuści, cukier i sól się rozpuszczą, a mieszanina zagotuje się.
f) Zdjąć z ognia i dodać mąkę uniwersalną, energicznie mieszając, aż powstanie gęsta pasta bez grudek.
g) Wróć do ognia i mieszaj przez około minutę, aż ciasto zacznie odchodzić od brzegów patelni i utworzy cienką warstwę na dnie.

h) Przenieść ciasto do miski miksera stojącego i pozostawić do ostygnięcia do temperatury około 160 stopni F.
i) Aby ułatwić dodawanie, wymieszaj jajka w osobnej misce lub miarce.
j) Miksując na niskich obrotach, dodaj do ciasta około ¼ ubitych jaj (około 50 g lub jedno jajko). Kontynuuj mieszanie, aż jajko zostanie całkowicie wchłonięte, a następnie dodaj więcej.
k) Konsystencję ciasta sprawdzić po wbiciu około 3 do 3 ½ jajek. Powinien być gruby, błyszczący i zdolny zachować swój kształt po nałożeniu rurką. W razie potrzeby dostosuj ilość jaj (użyto około 3 ½ jaj).
l) Załóż rękaw cukierniczy z ½ okrągłą końcówką i napełnij go około połową ciasta. Wyłóż ciasto na przygotowaną blachę, zostawiając przestrzeń na wyrośnięcie pomiędzy każdym zaciągnięciem.
m) Zanurz palec w wodzie i delikatnie stuknij w szpiczastą końcówkę każdego kremowego ptysia. Na wierzchu każdego ciasta połóż zamrożony craquelin.
n) Piec ptysie z kremem przez 20 minut. Otwórz na chwilę piekarnik, aby wypuścić trochę pary i obróć blachę do pieczenia. Kontynuuj pieczenie przez kolejne 8 do 12 minut, aż spód ciasta będzie złotobrązowy.
o) Wyjmij z piekarnika i natychmiast zrób dziurę z boku każdego zaciągnięcia, aby uwolnić parę. Pozwól im całkowicie ostygnąć.
p) Powtórz tę czynność z pozostałym ciastem na innym arkuszu wyłożonym pergaminem.

MONTAŻ:
q) Każdy kremowy ptyś ostrożnie nacinamy wokół podstawy, oddzielając górę kraquelinem od dołu.
r) Na spód każdego ptysia połóż średniej wielkości gałkę lodów i przykryj wierzchnią częścią ciasta francuskiego pokrytą kraquelinem.
s) Podawaj natychmiast lub włóż ponownie do zamrażarki, aż będziesz mógł się nim delektować.
t) Niewypełnione ptysie można zamrozić w torbie zapinanej na zamek błyskawiczny na okres do 1 miesiąca.
u) Aby ponownie je wyostrzyć przed podaniem, piecz na blasze do pieczenia w temperaturze 350 stopni F przez 10 do 15 minut.

KREMOWE PUFY KARMELOWE

38. Ptysie z kremem solonym karmelem

SKŁADNIKI:
NA SOS KARMELOWY:
- ½ szklanki) cukru
- 2 łyżki jasnego syropu kukurydzianego
- 2 łyżki wody
- ¼ szklanki gęstej śmietanki
- ½ łyżeczki ekstraktu waniliowego
- 2 łyżki masła

NA KREM DO CIASTA:
- 1 ½ szklanki pół na pół
- 2 duże jajka
- 1 duże żółtko
- ½ szklanki) cukru
- 2 łyżki mąki uniwersalnej
- 1 łyżeczka ekstraktu waniliowego

NA KREMOWE PUFY:
- 1 szklanka wody
- 6 łyżek niesolonego masła
- 1 łyżka cukru
- 5 ¾ uncji mąki chlebowej, 1 ¼ zaokrąglonych filiżanek
- 4 duże jajka
- 2 białka jaj

DLA GANACHE:
- 10 uncji posiekanej gorzkiej czekolady
- 1 szklanka gęstej śmietanki

INSTRUKCJE

a) W szklanej miarce o pojemności 2 szklanek wymieszaj cukier, syrop kukurydziany i wodę. Włóż do kuchenki mikrofalowej i ustaw tryb HIGH na 5 minut. Zaparkuj krzesło obok kuchenki mikrofalowej i uważnie obserwuj filiżankę. Poważnie, nie odchodź.

b) Gdy tylko zacznie zmieniać kolor na bursztynowy (bardzo szybko zmieni kolor z bursztynowego na czarny), wyłącz kuchenkę mikrofalową i zakładając ciężkie rękawice kuchenne, wyjmij szklankę z kuchenki.

c) W drugiej miarce wymieszaj śmietanę i ekstrakt waniliowy. Powoli wlewaj go do karmelu – karmel szybko zacznie bulgotać. Ubijaj, aż krem całkowicie się wchłonie.

d) Dodaj masło i mieszaj, aż całkowicie się połączy. Odstawić do ostygnięcia.

KREM DO CIAST:

e) Umieść pół na pół w dużym, ciężkim rondlu ustawionym na średnim ogniu. W misce wymieszaj jajka, żółtko, mąkę i cukier.
f) Ciągle ubijaj, aż mieszanina stanie się bladożółta i lekko zgęstniała, aż połowa na pół zacznie się palić (na krawędziach patelni utworzą się małe bąbelki). Za pomocą chochli lub miarki powoli wlej około jednej czwartej gorącego płynu do mieszanki jajecznej, a następnie wlej całą mieszaninę jajek/pół na pół z powrotem do rondla.
g) Mieszaj drewnianą łyżką przez 3 do 5 minut, aż mieszanina zgęstnieje. Zdejmij z ognia i dodaj ekstrakt waniliowy i około ½ szklanki solonego karmelu.
h) Wlać krem do pojemnika do przechowywania i docisnąć kawałek folii bezpośrednio do powierzchni. Ochłodzić do temperatury pokojowej, następnie przechowywać w lodówce przez co najmniej 4 godziny lub przez noc, aż do całkowitego schłodzenia.

PRZYGOTOWAĆ KREMOWE PUFY:

i) Rozgrzej piekarnik do 425 stopni.
j) Zagotuj wodę, masło i sól lub cukier w mocnym rondlu na dużym ogniu. Dodać mąkę i wymieszać, aż utworzy się kula. Kontynuuj pracę mieszaniny w garnku, aż większość wilgoci się wygotuje. Wbij palec w ciasto. Powinno być błyszczące (od masła), ale nie mokre od wody. Ciasto zacznie zostawiać film na dnie formy.
k) Przenieść mieszaninę do miski miksera stojącego i pozostawić do ostygnięcia na 3 lub 4 minuty.
l) Mieszając mikserem lub na najniższych obrotach, dodawaj jajka, po 1 na raz, upewniając się, że pierwsze jajko zostało całkowicie wchłonięte przed kontynuowaniem.
m) Po dodaniu wszystkich jaj i uzyskaniu gładkiej masy włóż ciasto do rękawa cukierniczego wyposażonego w gładką okrągłą końcówkę z otworem o średnicy ½ cala.
n) Rozwałkuj ciasto na krążki wielkości piłek golfowych, oddalone od siebie o 2 cale, na blachę wyłożoną pergaminem. (WSKAZÓWKA: Wyciśnij niewielką porcję ciasta bezpośrednio na blachę z ciasteczkami, a następnie połóż na niej pergamin – wtedy pergamin nie będzie się odrywał od blachy podczas wyciskania ptysiów.)

o) Kontynuuj z pozostałym ciastem. Po zakończeniu zanurz palec w ciepłej wodzie i delikatnie dociśnij górną część ptysiów z kremem, aby usunąć „kapelusz", który tworzy się po oderwaniu końcówki ciasta od wytłoczonego kremu.

UPIEC:

p) Piecz przez 10 minut, następnie zmniejsz piekarnik do 350 stopni F i piecz przez kolejne 10 minut lub do złotego koloru. Po wyjęciu z piekarnika natychmiast przekłuć je nożem, aby uwolnić parę, i całkowicie ostudzić na metalowej kratce.
q) Włóż krem do rękawa cukierniczego z małą okrągłą końcówką.
r) Włóż końcówkę w spód kremowego ptysia i delikatnie ściśnij, aby krem wepchnął się w ciasto. Ciasto jest pełne, gdy wydaje się ciężkie, a czubek wypycha się z ciasta.
s) Na czas przygotowania ganache przechowuj ptysie w lodówce.
t) Do małej miski włóż posiekaną czekoladę.
u) Śmietankę umieścić w małym rondlu, postawić na średnim ogniu i doprowadzić do zagotowania.
v) Śmietankę polej czekoladą i odstaw na minutę, a następnie ubijaj na gładką masę.
w) Zanurz wierzchołki kremowych ptysiów w czekoladowym ganache i połóż na arkuszu pergaminu lub woskowanego papieru, aby ganache stwardniał.
x) Gotowe wypieki przechowuj w lodówce lub zamrażaj do 3 miesięcy, szczelnie zamknięte.

39. Ptysie z kremem karmelowo-jabłkowym

SKŁADNIKI:
PTYSIE:
- ½ szklanki + 1 łyżka wody
- ½ szklanki + 1 łyżka pełnego mleka
- ½ łyżeczki cukru
- ½ łyżeczki fleur de sel
- ½ szklanki niesolonego masła
- ¾ szklanki + 2 łyżki mąki
- 4 jajka

CHUNKY JABŁKOWE KONSERWY:
- 5 jabłek obranych, wydrążonych i pokrojonych w kostkę
- ½ szklanki soku jabłkowego lub cydru
- 1 ½ łyżki soku z cytryny
- ½ łyżeczki mielonego cynamonu
- 1 szklanka cukru
- ½ łyżki pasty waniliowej

SŁONY SOS KARMELOWY:
- ½ szklanki cukru
- 3 łyżki niesolonego masła, pokrojonego w kostkę
- ¼ szklanki gęstej (ubijanej) śmietany (w temperaturze pokojowej)
- ¾ łyżeczki fleur de sel (lub innej soli morskiej)
- ½ łyżeczki pasty waniliowej

KREM DO CIASTA KARMELOWEGO:
- ¼ szklanki skrobi kukurydzianej
- ¼ szklanki cukru
- 4 żółtka
- 2 szklanki pełnego mleka
- ⅓ szklanki solonego sosu karmelowego
- 1 łyżeczka pasty z ziaren wanilii
- 2 łyżki niesolonego masła (pokrojonego w kostkę i miękkiego)

INSTRUKCJE:
NA PURKI Z KREMEM (CIASTO CHUX):
a) Rozgrzej piekarnik do 400°F i wyłóż blachę do pieczenia papierem pergaminowym lub silikonową matą do pieczenia.
b) W średnim rondlu połącz wodę, mleko, cukier, sól i masło. Doprowadzić mieszaninę do wrzenia na średnim ogniu.

c) Dodaj mąkę wciąż na ogniu i mieszaj drewnianą łyżką, aż mieszanina stanie się gładka i błyszcząca, odklejając się od boków patelni.
d) Przenieś mieszaninę do miski miksera stojącego i przy niskiej prędkości dodawaj jajka, jedno po drugim, upewniając się, że każde jajko zostało całkowicie wchłonięte przed dodaniem następnego.
e) Wyłóż ciasto parzone na przygotowaną blachę do pieczenia, tworząc kopczyki oddalone od siebie o około 2 cale, każdy o średnicy około 2 cali i wysokości ¾ cala.
f) Piec ptysie z kremem w nagrzanym piekarniku, zachowując określoną temperaturę i kolejność czasową, a po upieczeniu pozostawić do ostygnięcia.

DLA MASAZYNOWYCH KONSERWÓW JABŁKOWYCH:
g) Połącz jabłka, sok jabłkowy lub cydr, sok z cytryny i cynamon w rondlu i gotuj, aż jabłka będą miękkie.
h) Dodaj cukier i pastę waniliową, kontynuuj gotowanie, aż jabłka osiągną gęstą, kawałkowatą konsystencję.
i) Przed użyciem konfitur w kremowych ptyczkach należy je ostudzić.

NA SOS SOLONY KARMEL:
j) Rozpuść cukier w rondlu na średnim ogniu, aż uzyska ciemnobursztynowy kolor.
k) Ostrożnie dodaj masło i wymieszaj, następnie dodaj śmietanę, sól i pastę waniliową.
l) Sos karmelowy przełóż do miski lub słoika, aby ostygł.

NA KREM DO CIASTA KARMELOWEGO:
m) W żaroodpornej misce wymieszaj skrobię kukurydzianą, cukier i żółtka.
n) W rondlu podgrzej mleko i sos solony karmel do wrzenia, następnie powoli wlewaj porcję gorącej mieszanki do masy jajecznej, aby jajka zahartować.
o) Wlać hartowaną mieszaninę jaj z powrotem do rondla i gotować, aż zgęstnieje, następnie dodać pastę waniliową i masło.
p) Przed użyciem krem do ciast całkowicie schłodzić.

DO MONTAŻU:
q) Wystudzone ptysie przekrój i napełnij spód kremem.
r) Krem wierzchni posmaruj konfiturą jabłkową.
s) Na konfiturach ułóż wierzch kremówki i skrop sosem solonym karmelem.

40. Ptysie z kremem Bourbon Caramel

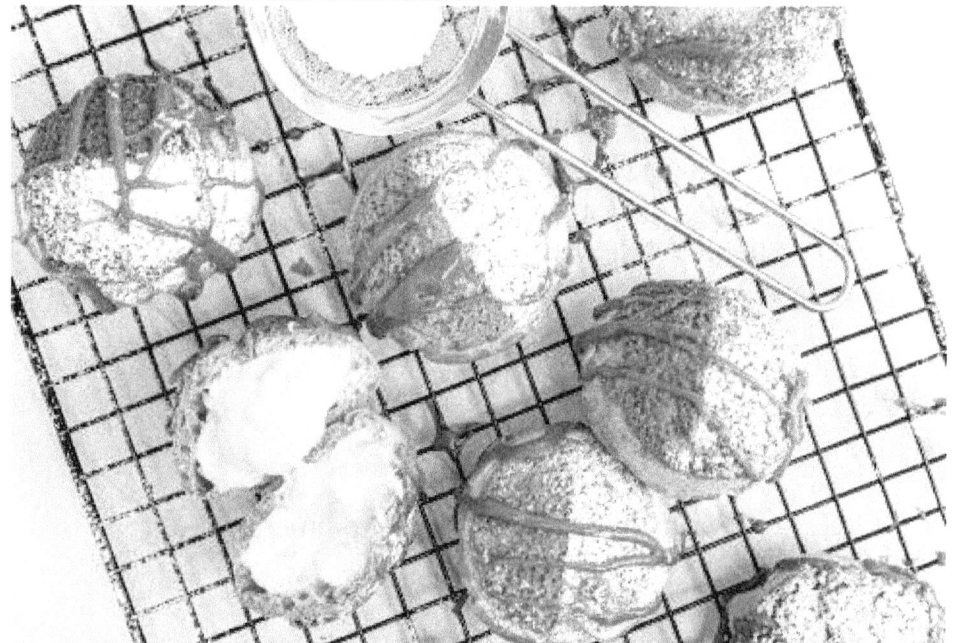

SKŁADNIKI:
CIASTO NA CIASTO (PÂTE À CHOUX):
- 1 szklanka wody
- 1 kostka (113 g; 8 łyżek stołowych) niesolonego masła
- Szczypta soli
- 1 szklanka mąki uniwersalnej
- 1 szklanka jajek (około 4 duże jajka)

CHRUPIĄCY TOP (KRAQUELIN):
- ¼ szklanki mąki
- ¼ szklanki brązowego cukru
- ¼ szklanki niesolonego masła (w temperaturze pokojowej)

BITTA ŚMIETANA BURBONOWA:
- 1 szklanka gęstej śmietanki
- 3 łyżki cukru pudru
- 1 łyżka stołowa Knob Creek Kentucky Bourbon

OSTATNIE POPRAWKI:
- Sos karmelowy
- Cukier puder

INSTRUKCJE:
KRAKIELIN:
a) Masło utrzeć z cukrem mikserem przez 2-3 minuty.
b) Dodaj mąkę i mieszaj, aż powstanie ciasto.
c) Rozwałkuj ciasto pomiędzy dwoma arkuszami papieru pergaminowego, aż będzie bardzo cienkie, około ⅛ cala.
d) Za pomocą okrągłej foremki wytnij z ciasta 1-calowe kółka. (Wskazówka dla profesjonalistów: możesz w tym celu użyć większej strony ½-calowej końcówki do rur.)
e) Schłodź krążki, aż będziesz gotowy ich użyć. Można je przygotować wcześniej i przechowywać na zimno.

DMUCHNIĘCIA:
f) Rozgrzej piekarnik do 425°F.
g) Blachę do pieczenia wyłóż matą silikonową lub papierem pergaminowym. Przed rozpoczęciem przygotuj wszystkie składniki.
h) W średnim rondlu połącz masło, wodę i sól. Doprowadzić mieszaninę do wrzenia na małym lub średnio-niskim ogniu, ale nie dopuścić do wrzenia.
i) Dodaj całą mąkę na raz.

j) Na średnim ogniu energicznie mieszaj drewnianą łyżką, aż mąka połączy się w kulkę, około 3 minut.
k) Ciasto przełożyć do miksera wyposażonego w łopatkę.
l) Mieszaj na średniej prędkości i pozostaw do ostygnięcia na 3-4 minuty.
m) Dodawaj po jednym jajku, cały czas miksując.
n) Przenieść mieszaninę do rękawa cukierniczego z końcówką ½ cala.
o) Wyciśnij pożądany kształt na matę silikonową lub pergamin, pozostawiając 2-3 cale odstępu między nimi w celu rozszerzenia. Zazwyczaj 1-calowe rundy działają dobrze.
p) Połóż craquelinowe krążki bezpośrednio na wierzchu ptysiów i lekko dociśnij, aby się przykleiły.
q) Piec natychmiast w temperaturze 200°F przez 10 minut.
r) Zmniejsz temperaturę do 350°F. Nie otwieraj drzwi piekarnika podczas pieczenia.
s) Piec, aż ptysie będą złociste, jeszcze około 20 minut.
t) Przed napełnieniem poczekaj, aż ptysie całkowicie ostygną.

BITTA ŚMIETANA BURBONOWA:
u) Do miski miksującej włóż zimną śmietankę i cukier.
v) Użyj końcówki do ubijania (lub silnego ramienia), aby ubić śmietanę, aż będzie sztywna.
w) Dodaj bourbon i krótko mieszaj, uważając, aby nie przemieszać i nie spuścić powietrza z bitej śmietany.
x) Bitą śmietanę przełożyć do rękawa cukierniczego z otwartą końcówką do napełniania.

WYKOŃCZENIOWY:
y) Wlej bitą śmietanę po bourbonie do ptysiów.
z) Na koniec posypujemy cukrem pudrem i polewamy sosem karmelowym.

41. Ptysie z kremem czekoladowo-karmelowym

SKŁADNIKI:
DLA KRAQUELINA:
- 100 g niesolonego masła, miękkiego
- 120 g brązowego cukru
- 120 g mąki zwykłej

NA BUŁKI CHOUX:
- 280 ml wody
- 100 g niesolonego masła
- ¼ łyżeczki soli
- 160 g mąki zwykłej
- 4 jajka

NA BITĄ ŚMIETANĘ CZEKOLADOWĄ:
- 100ml śmietanki podwójnej
- 100 g gorzkiej czekolady
- 500 ml śmietanki podwójnej
- 150 g cukru pudru

NA polewę karmelową:
- 200 g cukru kryształu
- 60 ml wody

INSTRUKCJE:
a) Rozgrzej piekarnik do 190°C/375°F i wyłóż dwie blachy papierem do pieczenia.

WYKONANIE CRAQUELINU:
b) W misce wymieszaj miękkie masło i brązowy cukier. Następnie dodajemy mąkę pszenną i mieszamy aż powstanie ciasto. Może nie połączyć się od razu, ale mieszaj dalej lub połącz to rękami.
c) Rozwałkuj ciasto pomiędzy dwoma kawałkami papieru do pieczenia na grubość około 2 mm. Umieść go w zamrażarce do późniejszego wykorzystania.

PRZYGOTOWANIE BUŁEK CHOUX:
d) W garnku dodaj wodę, masło i sól. Podgrzewaj na średnim ogniu, aż do wrzenia.
e) Zdjąć garnek z ognia i wymieszać z mąką, wyrobić ciasto.
f) Ponownie postaw garnek na dużym ogniu i gotuj ciasto przez 5 minut, od czasu do czasu mieszając.
g) Ciasto przełóż do miski i odstaw do ostygnięcia na 10 minut.

h) Gdy ciasto lekko ostygnie, dodajemy po jednym jajku, miksujemy do połączenia. Kontynuuj, aż wszystkie jajka zostaną włączone.
i) Przełożyć ciasto parzone do rękawa cukierniczego z dużą końcówką w kształcie gwiazdki i wyciskać kopczyki o średnicy 6 cm na przygotowane blachy.
j) Wyjmij craquelin z zamrażarki i za pomocą foremki do ciastek wytnij koła nieco większe niż ptyś. Umieść te kółka na wierzchu kopców choux.
k) Piec przez 45 minut, następnie wyłączyć piekarnik, pozostawić drzwiczki lekko uchylone i pozostawić ciasto francuskie do wystygnięcia w piekarniku na 20 minut.
l) Po 20 minutach wyjmij ptysie z piekarnika, w każdym z nich zrób dziurę i ostudź na metalowej kratce.

PRZYGOTOWANIE BITEJ ŚMIETANKI CZEKOLADOWEJ:

m) W małej misce lub dzbanku wymieszaj 100 ml śmietanki i gorzkiej czekolady. Podgrzewaj w kuchence mikrofalowej przez 30 sekund, mieszając pomiędzy przerwami, aż czekolada całkowicie się rozpuści, a mieszanina będzie gładka. Przechowywać w lodówce do lekkiego ostygnięcia.
n) W dużej misce ubić 500 ml śmietanki i cukru pudru, aż zgęstnieje, następnie dodać roztopioną mieszaninę czekolady. Ubijaj, aż uzyskasz sztywną pianę, uważając, aby nie przesadzić. Przechowywać w lodówce do momentu użycia.

ZŁOŻYĆ:

o) Gdy bułki ptysiowe ostygną, napełnij je, wlewając bitą śmietanę do każdego ptysia.
p) Napełnione ptysie zostaw w lodówce na czas przygotowania polewy karmelowej.

WYKONANIE polewy karmelowej:

q) W garnku wymieszaj granulowany cukier i wodę.
r) Podgrzewaj na średnim ogniu, od czasu do czasu obracając patelnię, aż mieszanina nabierze złotego koloru. Natychmiast zdejmij z ognia.
s) Ostrożnie zanurzaj wierzchy ptysiów w karmelu, a następnie odstaw je na kilka minut, aby karmel stwardniał.
t) Teraz Twoje czekoladowe i karmelowe ptysie są gotowe do spożycia!

42. Ptysie z kremem nadziewane karmelowym tiramisu

SKŁADNIKI:
CIASTA PUFY:
- 1 szklanka wody
- 4 łyżki masła, pokrojonego w kostkę
- ¼ łyżeczki soli
- 1 Mąkę o wszechstronnym przeznaczeniu
- 4 duże jajka
- 1 duże żółtko
- 2 łyżki mleka

KARMELOWY KREM TIRAMISU Z MASKARPONEM:
- 1 szklanka zimnej, ciężkiej śmietany do ubijania
- ½ łyżeczki cukru
- ¼ łyżeczki ekstraktu waniliowego
- 1 pojemnik (8 uncji) serka Espresso Mascarpone
- ½ szklanki solonego karmelu
- Cukier cukierników

INSTRUKCJE:
NA CIASTECZKA PUFY:
a) Rozgrzej piekarnik do 375°F i wyłóż dużą blachę do pieczenia papierem pergaminowym.
b) W dużym rondlu, na średnim ogniu, zagotuj wodę, masło pokrojone w kostkę i sól. Zmniejsz ogień do małego i dodaj mąkę, energicznie mieszając, aż mieszanina zacznie odchodzić od ścianek patelni (około 1 minuty). Zdejmij z ognia i odstaw na 5 minut.
c) Dodawaj jajka, jedno po drugim, dobrze ubijając po każdym dodaniu, aż ciasto będzie gładkie i błyszczące. Ciasto przełożyć do rękawa cukierniczego wyposażonego w gładką końcówkę o średnicy ¾ cala.
d) Rozwałkuj ciasto na krążki, po około ¼ szklanki każdy, na przygotowaną patelnię. Wymieszaj żółtko z mlekiem, a następnie posmaruj tą mieszanką ptysie.
e) Piec przez 35-40 minut lub do momentu, aż ptysie staną się złotobrązowe i twarde. Pozwól im ostygnąć na patelni przez 5 minut, a następnie przenieś je na metalową kratkę. W każdym zaciągnięciu wykonaj małe nacięcie, aby umożliwić ujście pary, i poczekaj, aż całkowicie ostygną.

NA KREM KARMELOWY TIRAMISU MASCARPONE:

f) W dużej misce ubijaj gęstą śmietanę, aż zacznie gęstnieć. Dodaj cukier i wanilię i ubijaj, aż powstanie sztywna piana.
g) W drugiej dużej misce utrzyj serek mascarpone na gładką masę, a następnie dodaj bitą śmietanę.
h) Dodać solony karmel i delikatnie wymieszać, tworząc wstęgi karmelu w kremie mascarpone.
i) Odkrój wierzch ciasta i delikatnie wciśnij ciasto wewnątrz każdego ciasta francuskiego.
j) Na dolne połówki nałóż łyżką lub wyciśnij nadzienie z mascarpone, a następnie wyłóż wierzch.
k) Posyp cukrem cukierniczym i ciesz się smakiem!

43. Ptysie lodowe wiśniowo-karmelowe

SKŁADNIKI:
DO PUFÓW:
- 6 łyżek niesolonego masła
- 1 łyżka cukru granulowanego
- ¼ łyżeczki soli
- ¾ szklanki mąki uniwersalnej
- 3 duże jajka

NA KARMEL:
- 6 łyżek cukru pudru
- ½ szklanki mrożonych ciemnych wiśni
- 1 łyżka masła
- Sól morska w płatkach (do posypania)

DO WYPEŁNIENIA:
- 2 litry lodów z kawałkami wiśni lub kawałkami czekolady (lub ich kombinacja)

INSTRUKCJE:
PRZYGOTUJ PUFY:
a) Rozgrzej piekarnik do 400°F.
b) W średnim rondlu wymieszaj masło, cukier granulowany, sól i ¾ szklanki wody. Doprowadzić mieszaninę do wrzenia, mieszając od czasu do czasu, aby rozpuścić masło. Zdjąć z ognia i wymieszać z mąką. Ponownie postaw mieszaninę na średnim ogniu i gotuj, ciągle mieszając, aż zacznie odchodzić od brzegów patelni, co powinno zająć około 1 minuty.
c) Gorącą mieszaninę przełóż do dużej miski. Używając miksera elektrycznego ustawionego na małą prędkość, ubijaj przez 1 minutę, aby lekko ostygło. Ubijaj jajka, jedno po drugim, aż ciasto stanie się gładkie i błyszczące.
d) Przenieś mieszaninę do zamykanej torby lub worka do wyciskania i odetnij róg, aby utworzyć otwór o średnicy ¾ cala.
e) Wyciskaj 2-calowe kopczyki na wyłożoną pergaminem blachę do pieczenia, pozostawiając między nimi 1-calowy odstęp. Piec, obracając patelnie w połowie czasu, aż ptysie staną się puszyste i złocistobrązowe, co zajmie około 22 do 28 minut. Pozwól im całkowicie ostygnąć na blasze do pieczenia.

PRZYGOTUJ KARMEL:

f) W rondlu na średnim ogniu ugotuj cukier i ¼ szklanki wody, nie mieszając ani nie poruszając patelnią, aż zmieni kolor na bursztynowy, co powinno zająć około 10 minut. Podgrzewaj w kuchence mikrofalowej zamrożone wiśnie z 1 łyżką wody przez 30 sekund lub do momentu, aż wiśnie się rozmrożą.
g) Przełóż je do blendera i zmiksuj na wysokich obrotach, aż będą gładkie, co powinno zająć około 1 minuty. Odcedzić puree (powinno zostać około ¼ szklanki) i wymieszać z bursztynowym karmelem. Redukuj jeszcze przez 1 minutę. Zdjąć z ognia, dodać masło i pozostawić do ostygnięcia w temperaturze pokojowej.
h) Rozłóż ptysie i napełnij je około ¼ szklanki lodów. Na każde zaciągnięcie nałóż 1 łyżeczkę karmelu wiśniowego i posyp płatkami soli morskiej. Ciesz się lodami wiśniowo-karmelowymi!

44. Ptysie z kremem kukurydzianym w karmelu

SKŁADNIKI:
KREM Z CIASTA KUkurydzianego:
- 2 szklanki pełnego mleka
- 1 kłos kukurydzy
- 3 żółtka
- ⅓ szklanki cukru
- ½ łyżeczki soli
- 2 łyżki skrobi kukurydzianej
- ⅛ łyżeczki ekstraktu waniliowego

PATÉ CHOUX:
- 1 szklanka wody
- 1 kostka niesolonego masła
- ½ łyżeczki soli koszernej
- 1 ½ łyżeczki cukru
- ¾ szklanki (100 g) mąki
- ¼ szklanki (25 g) mąki kukurydzianej
- 3 jajka (temperatura pokojowa)

INSTRUKCJE:
KREM Z CIASTA KUkurydzianego:
a) Usuń ziarna z kolby kukurydzy i umieść je w rondlu z pełnym mlekiem. Zeskrob boki kolby za pomocą grzbietu noża, dodając do mieszanki mleko kukurydziane.
b) Podgrzewaj mieszaninę na średnim ogniu, aż mleko zacznie parować, a wokół krawędzi garnka utworzą się pęcherzyki. Zdejmij z ognia i przenieś mieszaninę do pojemnika. Odstawiamy na 2 godziny lub na noc do lodówki.
c) Po zastygnięciu mieszanki mlecznej odcedź ziarna kukurydzy i wlej mieszaninę z powrotem do rondla, upewniając się, że wydobędziesz cały smak, dociskając ziarna.
d) Podgrzej mleko na średnim poziomie, aż zacznie parować.
e) Podczas gdy mleko się podgrzewa, w średniej misce wymieszaj żółtka, cukier, sól i skrobię kukurydzianą, aż mieszanina stanie się bladożółta i gładka.
f) Gdy mleko zacznie wrzeć na brzegach, rozpocznij temperowanie masy jajecznej. Odlej niewielką ilość gorącego mleka i szybko ubijając, dodawaj je powoli do jajek, aby zapobiec posklejaniu się jajek.
g) Powoli dodawaj resztę mleka cały czas ubijając.

h) Włóż mieszaninę z powrotem do pieca i stale mieszaj na średnim ogniu.
i) Gdy mieszanina zgęstnieje, od czasu do czasu przerwij ubijanie, aby sprawdzić, czy się gotuje. Gdy zacznie wrzeć, energicznie ubijaj przez 10 sekund, a następnie natychmiast zdejmij z ognia.
j) Krem z ciasta przełóż do pojemnika, przykryj i przechowuj w lodówce do momentu wystygnięcia.

PATÉ CHOUX:
k) Rozgrzej piekarnik do 425°F z rusztem pośrodku piekarnika.
l) Dużą blachę do pieczenia wyłóż papierem do pieczenia (nie używaj maty silikonowej, bo może to wpłynąć na konsystencję ciasta francuskiego).
m) W rondlu podgrzej masło, sól i cukier na średnim ogniu, aż masło się roztopi i mieszanina zacznie wrzeć.
n) Zdjąć garnek z pieca, dodać mąkę i mąkę kukurydzianą, wymieszać drewnianą łyżką.
o) Umieść mieszaninę z powrotem na kuchence i szybko mieszaj, aż utworzy gładką kulę i nie będzie przylegać do boków. Powinien mieć sztywną konsystencję, przypominającą gęste puree ziemniaczane.
p) Ciasto przełożyć do miksera stacjonarnego lub innej miski i ubijać przez 30 sekund, aż ostygnie.
q) Dodawaj po jednym jajku, miksując aż masa się połączy. Pomiędzy każdym dodaniem zeskrobać boki miski. Na początku masa może wydawać się grudkowata, ale po dodaniu ostatniego jajka mieszaj, aż masa stanie się gładka i błyszcząca.
r) Włóż mieszaninę do rękawa cukierniczego i uformuj kopczyki ciasta o szerokości około półtora cala, pozostawiając około cala przestrzeni między nimi.
s) Piec 15 minut, aż pączki urosną i staną się duże. Następnie zmniejsz temperaturę piekarnika do 100°F i piecz przez dodatkowe 25 minut, aż ptysie staną się złotobrązowe i będą miały twardą skorupę.
t) Po wyjęciu ptysiów z piekarnika przekładamy je na kratkę do studzenia. Za pomocą noża lub końcówki do wyszywania ciasta, której użyjesz później, w dnie każdego ciasta wytnij mały otwór, aby ciasto ostygło i nie rozmoczyło się w środku.
u) Gdy ptysie ostygną, napełnij je kremem i zanurz w karmelu. W razie potrzeby można je posypać dodatkową solą koszerną do dekoracji.

45. Ptysie z kremem Dulce de Leche

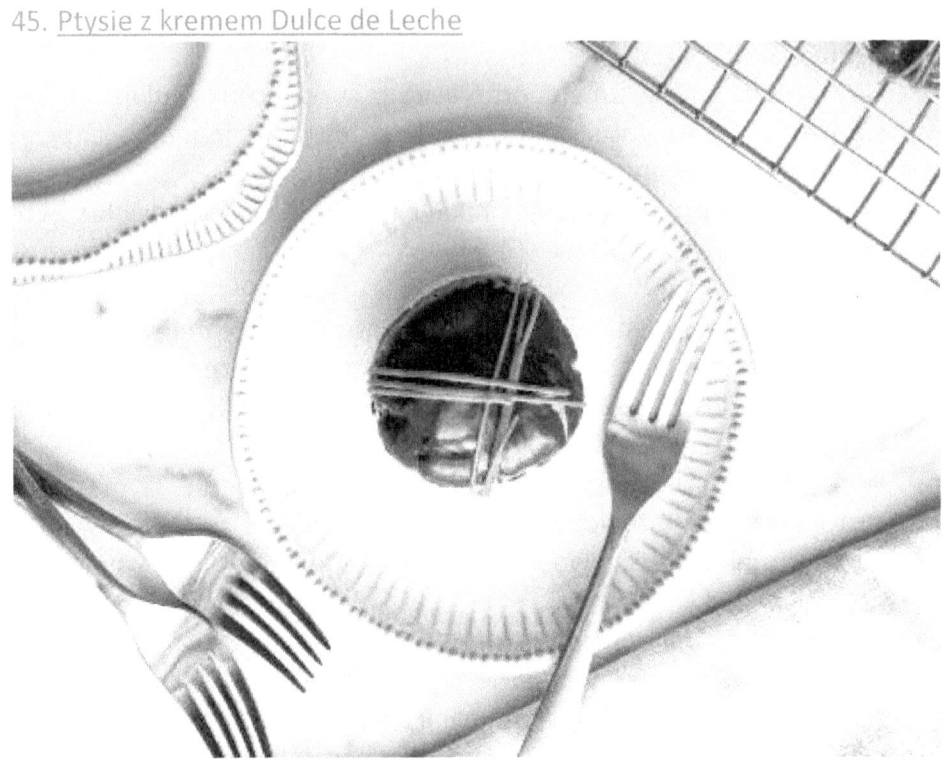

SKŁADNIKI:
KREMOWE PUFY (Ciasto Choux):
- 125 gramów wody (½ szklanki + 1 łyżka stołowa)
- 125 gramów pełnego mleka (½ szklanki + 1 łyżka stołowa)
- 5 gramów cukru (½ łyżeczki)
- 5 gramów fleur de sel (lub innej soli morskiej) (½ łyżeczki)
- ½ szklanki niesolonego masła (1 kostka)
- 140 gramów mąki (¾ szklanki + 2 łyżki)
- 4 jajka

KREM DULCE DE LECHE:
- 2 szklanki gęstej (ubijanej) śmietany
- ¼ szklanki cukru pudru
- 1 łyżeczka pasty z ziaren wanilii
- 1 szklanka dulce de leche

GANACHE Z CIEMNEJ CZEKOLADY:
- 4 uncje gorzkiej czekolady (użyłam 60% słodko-gorzkiej)
- ½ szklanki gęstej (ubijanej) śmietany

Mżawka DULCE DE LECHE:
- 2 łyżki dulce de leche

INSTRUKCJE:
NA PURKI Z KREMEM (CIASTO CHUX):
a) Rozgrzej piekarnik do 400°F. Blachę do pieczenia wyłóż papierem pergaminowym i odłóż na bok.

b) W średnim rondlu połącz wodę, mleko, cukier, sól i masło. Doprowadzić tę mieszaninę do wrzenia na średnim ogniu. Gdy jest jeszcze gorące, dodaj mąkę. Szybko ubijaj masę drewnianą łyżką, aż stanie się gładka i błyszcząca. Mieszanka zacznie odchodzić od ścianek patelni.

c) Gdy mieszanina zostanie dokładnie połączona, zgarnij ją do miski miksera stojącego. Ustaw mikser na niską prędkość. Mieszając, dodawaj po jednym jajku, pozwalając, aby każde jajko się wchłonęło, a mieszanina stała się gładka, zanim dodasz kolejne.

d) Przenieś ciasto do rękawa cukierniczego z otworem o szerokości około ⅓ cala. Wyciśnij kopczyki z ciasta parzonego w odległości co najmniej 2 cali, przy czym każdy kopczyk ma około 2 cale średnicy i ¾ cala wysokości. Z tych wymiarów powinno wyjść około 24 ptysie z kremem.

e) Włóż blachę do pieczenia do piekarnika i wyłącz piekarnik. Piec 10 minut przy wyłączonym piekarniku. Włącz piekarnik ponownie na 350°F i piecz przez kolejne 10 minut. Następnie ponownie wyłącz piekarnik, zostawiając ptysie do dopieczenia na kolejne 10 minut. W sumie daje to 30 minut w piekarniku. Unikaj otwierania piekarnika podczas pieczenia, aby zapobiec deflacji.
f) Po upieczeniu ptysiów wyjmij je z piekarnika i wykonaj w każdym z nich otwór wykałaczką, aby wypuścić resztki pary. Pozwól, aby ptysie z kremem całkowicie ostygły.

NA KREM:
g) W misie miksera stacjonarnego wymieszaj śmietanę, cukier puder i pastę waniliową. Użyj końcówki do ubijania i ubijaj mieszaninę na średnich i wysokich obrotach, aż uformują się sztywne szczyty.
h) Włóż łyżkę dulce de leche do średniej miski. Dodaj bitą śmietanę w trzech porcjach, delikatnie ją mieszając, aby zachować lekką konsystencję.
i) Umieść krem dulce de leche w rękawie cukierniczym z małą okrągłą końcówką. Końcówką zrób mały otwór w dnie każdego ptysia i napełnij go kremem.

DLA GANACHE:
j) Czekoladę i śmietankę umieścić w małej żaroodpornej misce. Podgrzewaj mieszaninę w kuchence mikrofalowej w 30-sekundowych odstępach, mieszając po każdej przerwie, aż będzie gładka. Mieszanka będzie gęsta i błyszcząca.
k) Zanurz wierzch każdego z nadziewanych ptysiów w ganache i poczekaj, aż stwardnieje.

NA Mżawkę:
l) Umieść dulce de leche w małej żaroodpornej misce i podgrzewaj w kuchence mikrofalowej co 15 sekund, mieszając po każdej przerwie, aż będzie ciepłe i gładkie.
m) Ogrzane dulce de leche włóż do rękawa cukierniczego lub torebki zapinanej na zamek błyskawiczny z nacięciem w rogu. Posmaruj dulce de leche każdym wypełnionym i oszklonym kremem ptysiowym.

KWIATOWE KREMOWE PUFY

46. Ptysie z kremem truskawkowym Sakura

SKŁADNIKI:
DLA CRAQUELINA:
- 1½ uncji (43 g) niesolonego masła o temperaturze pokojowej
- ¼ szklanki (50 g) jasnego brązowego cukru
- ⅓ szklanki (50 g) mąki uniwersalnej

CIASTO PÂTE À Choux:
- ½ szklanki (115 g) pełnego mleka
- ½ szklanki (115 g) wody
- 4 uncje (110 g) niesolonego masła, pokrojonego na kawałki
- ¾ łyżeczki cukru
- ¼ łyżeczki soli
- 1 szklanka (140 g) mąki uniwersalnej
- 4 duże jajka, temperatura pokojowa

POŻYWNY:
- 2 szklanki (460 g) śmietany do ubijania
- ½ łyżeczki ekstraktu z kwiatu wiśni
- Kilka kropli barwnika spożywczego według uznania
- ½ funta truskawek, obranych i pokrojonych w plasterki
- Cukier puder do posypania według uznania

INSTRUKCJE:
DLA CRAQUELINA:
a) W robocie kuchennym wymieszaj masło, jasnobrązowy cukier i mąkę. Przetwarzaj, aż dobrze się połączą i będą gładkie.
b) Umieść ciasto craquelin pomiędzy dwoma arkuszami papieru pergaminowego i rozwałkuj je na grubość około ⅛ cala.
c) Podczas przygotowywania ptysiów ciasto należy schłodzić w lodówce.

NA KREMOWE PUFY:
d) Rozgrzej piekarnik do 175°C i wyłóż blachę do pieczenia silikonową matą do pieczenia lub papierem pergaminowym.
e) W średnim rondlu o grubym dnie wymieszaj mleko, wodę, masło, cukier i sól. Podgrzewaj na średnim ogniu, aż dojdzie do wrzenia.
f) Gdy się zagotuje, dodaj całą mąkę na raz i zmniejsz ogień do średniego. Energicznie mieszaj drewnianą łyżką. Ciasto powinno złączyć się w kulę. Kontynuuj mieszanie przez 3-4 minuty, aż masa będzie całkowicie gładka i miękka.
g) Ciasto przełożyć do miski miksera stacjonarnego wyposażonego w łopatkę. Ubijaj, żeby lekko ostygło. Dodawaj jajka, jedno po drugim,

dobrze ubijając po każdym dodaniu. Ciasto powinno być gęste, błyszczące i niezbyt płynne.
h) Ciasto przełożyć do rękawa cukierniczego wyposażonego w gładką końcówkę o średnicy 1 cm. Wyciskaj kopczyki ciasta na przygotowaną blachę do pieczenia, zachowując odstępy około 2 cali.
i) Wyjmij ciasto craquelin z lodówki i za pomocą okrągłej foremki do ciastek o średnicy podobnej do ptysiów wycinaj kółka. Umieść te kółka na wierzchu kopców choux.
j) Piec w nagrzanym piekarniku około 40 minut, w połowie czasu obracając blachę. Ptysie powinny zmienić kolor na złotobrązowy i być suche w dotyku. Lepiej jest dopiec niż przesmażyć, ale przed wyjęciem z piekarnika upewnij się, że są suche.
k) Upieczone ciasta francuskie należy pozostawić do ostygnięcia na metalowej kratce, a następnie przekroić je na pół. Usuń niedopieczone kawałki ze środka.

DO WYPEŁNIENIA:
l) W misie miksera wyposażonego w końcówkę do ubijania wymieszaj śmietankę do ubijania, cukier cukierniczy, ekstrakt z kwiatu wiśni i barwnik spożywczy do pożądanego odcienia.
m) Ubij śmietanę, aż utworzą się miękkie szczyty.
n) Bitą śmietanę przekładamy do rękawa cukierniczego z okrągłą końcówką.

MONTAŻ:
o) Dolne połówki ptysiów wypełnić bitą śmietaną. Na wierzch ułóż warstwę pokrojonych w plasterki truskawek i wylej na nie bitą śmietanę.
p) Górne połówki ptysiów ułożyć na bitej śmietanie.
q) Opcjonalnie posyp gotowe ptysie cukrem pudrem według uznania.
r) Podawać od razu lub przechowywać w szczelnym pojemniku w lodówce do 2 dni.
s) Ciesz się pysznymi ptysiami z kremem truskawkowym Sakura!

47. Ptysie z kremem miodowo-lawendowym

SKŁADNIKI:
NA KREMOWE PUFY:
- ½ szklanki (1 kostka) niesolonego masła
- 1 szklanka wody
- ¼ łyżeczki soli
- 1 Mąkę o wszechstronnym przeznaczeniu
- 4 duże jajka
- 1 łyżeczka suszonych kwiatów lawendy (do użytku kulinarnego)

NA KREM MIODOWY LAWENDOWY:
- 1 ½ szklanki gęstej śmietanki
- 3 łyżki miodu
- 1 łyżeczka suszonych kwiatów lawendy (do użytku kulinarnego)
- 2 łyżki cukru pudru (lub do smaku)
- 1 łyżeczka ekstraktu waniliowego

NA MŻYWKĘ MIODOWĄ LAWENDOWĄ:
- 2 łyżki miodu
- ½ łyżeczki suszonych kwiatów lawendy (do użytku kulinarnego)

INSTRUKCJE:
NA KREMOWE PUFY:
a) Rozgrzej piekarnik do 200°C (400°F). Blachę do pieczenia wyłóż papierem pergaminowym.
b) W rondlu wymieszaj masło, wodę i sól. Podgrzewaj na średnim ogniu, aż mieszanina się zagotuje, a masło całkowicie się rozpuści.
c) Zdejmij rondelek z ognia i dodaj suszone kwiaty lawendy. Pozostaw mieszaninę do zaparzenia na około 5 minut.
d) Mieszaj mąkę, aż mieszanina utworzy gładkie, gęste ciasto, które będzie odchodzić od boków patelni.
e) Niech ciasto lekko ostygnie. Następnie dodawaj po jednym jajku, dobrze ubijając po każdym dodaniu, aż ciasto będzie gładkie i błyszczące.
f) Na przygotowaną blachę do pieczenia ułóż 12 równych porcji ciasta, pozostawiając między nimi odpowiednią ilość miejsca.
g) Piec w nagrzanym piekarniku przez około 25-30 minut lub do momentu, aż kremowe ptysie urosną, staną się złotobrązowe i chrupiące. Nie otwieraj drzwi piekarnika przez pierwsze 20 minut pieczenia.

h) Wyjmij ptysie z kremem z piekarnika i pozostaw je do ostygnięcia na metalowej kratce.

NA KREM MIODOWY LAWENDOWY:
i) W misce miksującej ubijaj gęstą śmietanę, aż zgęstnieje i utworzą się miękkie szczyty.
j) Dodaj miód, suszone kwiaty lawendy, cukier puder (dostosuj do smaku) i ekstrakt waniliowy. Kontynuuj ubijanie, aż utworzą się sztywne szczyty.
k) Na polewę z miodem lawendowym:
l) W małym rondlu podgrzej miód na małym ogniu, aż się rozrzedzi.
m) Dodaj suszone kwiaty lawendy i pozostaw do zaparzenia na kilka minut. Odcedź kwiaty lawendy i odstaw miód do ostygnięcia.

MONTAŻ:
n) Schłodzone ptysie przekrój poziomo na pół.
o) Nałóż łyżką lub wyciśnij krem miodowo-lawendowy na dolne połówki ptysiów.
p) Połóż górne połówki ptysiów z powrotem na wierzchu kremu.
q) Kremowe ptysie skrop miodem lawendowym.
r) Podawaj ptysie z kremem miodowo-lawendowym i ciesz się smakiem!

48. Puff z kremem różowo-kardamonowym s

SKŁADNIKI:
NA CIASTO CHUX:
- ¼ szklanki wody
- 2 łyżki niesolonego masła
- ½ łyżeczki cukru granulowanego
- 3 ½ łyżki mąki uniwersalnej
- 2 duże jajka, podzielone

NA KREM DO CIASTA:
- 2 duże żółtka
- ¼ szklanki granulowanego cukru
- 2 łyżki skrobi kukurydzianej
- Szczypta soli koszernej
- 1 szklanka pełnego mleka
- 1 łyżeczka ekstraktu waniliowego
- ¼ łyżeczki mielonego kardamonu
- ¾ łyżeczki wody różanej

DLA RÓŻOWEGO CUKRU PUDROWEGO:
- 2 łyżki liofilizowanych truskawek
- 3 łyżki cukru pudru

INSTRUKCJE:
PRZYGOTOWANIE PUFÓW CHOUX:
a) Rozgrzej piekarnik do 220°C i wyłóż blachę do pieczenia papierem pergaminowym.
b) W małym rondlu o grubym dnie, na średnim ogniu, zagotuj wodę, niesolone masło i cukier granulowany. Dodaj mąkę uniwersalną i ciągle mieszaj sztywną szpatułką lub drewnianą łyżką, aż na dnie rondla pojawi się cienka warstwa ciasta, około 2 minut.
c) Ciasto przełożyć do dużej miski. Mieszaj energicznie przez 1 minutę, aż ostygnie. Dodaj 1 duże jajko i dobrze wymieszaj. Może wyglądać, jakby było zsiadłe, ale mieszaj dalej; w końcu połączy się w gładkie ciasto. Ciasto powinno spadać z łopatki, tworząc kształt litery V.
d) Łyżką przełóż ciasto do rękawa cukierniczego lub worka zapinanego na zamek błyskawiczny z odciętym dolnym rogiem. Wyciśnij 8 (2-calowych) kółek na blachę do pieczenia. Wilgotnym palcem delikatnie dociśnij i wygładź wszelkie szczyty lub grudki.
e) Pozostałe jajko ubić na pianę. Posmaruj każde ciasto parzone jajkiem. Za pomocą butelki ze spryskiwaczem spryskaj blachę do pieczenia wodą. Alternatywnie możesz również zanurzyć palce w wodzie i spryskać kropelki na blachę do pieczenia, jeśli nie masz butelki ze sprayem.
f) Piec 12 minut. Zmniejsz temperaturę piekarnika do 375°F (nie otwieraj drzwi piekarnika). Piec, aż ciasto parzone będzie złotobrązowe, jeszcze około 20 minut. Nie otwieraj drzwi piekarnika podczas pieczenia; chcesz, aby ciepło wysuszyło centra.
g) Wyjmij ptysie z piekarnika. Zrób dziurę w boku każdego ciasta za pomocą noża do obierania i pozostaw do całkowitego ostygnięcia na co najmniej 1 godzinę. W międzyczasie przygotuj krem do ciasta i różowy cukier puder.

PRZYGOTOWANIE KREMU CIASTO:
h) W średniej misce umieść żółtka, cukier granulowany, skrobię kukurydzianą i szczyptę soli koszernej. Ubijaj, aż mieszanina stanie się bladożółta/biała i gęsta, około 5 minut. Na początku będzie trochę trudno, ale w miarę miksowania rozluźni się.
i) Podgrzej pełne mleko, ekstrakt waniliowy, mielony kardamon i wodę różaną w małym rondlu na średnim ogniu, mieszając od czasu do czasu, aż mleko będzie gorące w dotyku, ale nie wrzące.

j) Weź ¼ szklanki gorącej mieszanki mlecznej i wymieszaj ją z mieszaniną żółtek. Kiedy składniki dobrze się połączą, dodaj masę jajeczną z powrotem do rondla z pozostałym mlekiem (miskę zachowaj). Gotuj na średnim ogniu, ciągle mieszając, aż krem z ciasta zgęstnieje i zacznie wrzeć. Zdjąć z ognia.
k) Ustaw sitko o drobnych oczkach nad zarezerwowaną miską. Kremówkę przelej przez sitko i wyrzuć jego zawartość (pamiętaj, aby zeskrobać spód sitka). Dociśnij arkusz folii plastikowej bezpośrednio do kremu cukierniczego, aby zapobiec tworzeniu się kożucha. Przechowywać w lodówce do ostygnięcia, około 30 minut.

PRZYGOTOWANIE RÓŻOWEGO CUKRU PUDROWEGO:

l) Umieść liofilizowane truskawki i cukier puder w młynku do kawy, młynku do przypraw lub małym blenderze i zmiksuj na drobno.

WYPEŁNIANIE PUFÓW CHOUX:

m) Gdy ciasto będzie gotowe do podania, ubij krem do ciasta, aby go rozluźnić i wygładzić. Jeżeli chcesz wycisnąć nadzienie, przełóż je do rękawa cukierniczego z małą okrągłą końcówką lub do małego woreczka zapinanego na zamek błyskawiczny z odciętym dolnym rogiem.
n) W dnie każdej schłodzonej ptysiowej zrób dziurę nożem do obierania. Do każdego ptysia przez otwór w dnie wciśnij krem do ciasta, aż będzie pełny. Usuń nadmiar kremu z ciasta. Alternatywnie, odetnij górę każdego ciasta parzonego i napełnij łyżką dolne połówki kremem, a następnie połóż drugą połowę na wierzchu. Posyp ptysie różowym cukrem pudrem.

49. Bułeczki Choux z truskawkami i kwiatami czarnego bzu

SKŁADNIKI:
KOMPOT TRUSKAWKOWY:
- 300 g przecieru truskawkowego
- 300 g truskawek
- 15 g pektyny
- 40 g cukru

KRAKIELIN:
- 25 g mąki zwykłej
- 25 g cukru pudru
- 20 g niesolonego masła

Ciasto Choux:
- 60 g niesolonego masła, pokrojonego w kostkę
- ¼ łyżeczki soli
- 1 łyżeczka cukru pudru
- 120 ml wody
- 40 g mąki zwykłej
- 45 g mocnej białej mąki chlebowej
- 2 duże jajka (lub 3 w razie potrzeby)

KREM Z KWIATÓW BZU:
- 400 ml śmietany do ubijania
- 70 ml syropu z kwiatu czarnego bzu
- 1 łyżka cukru pudru

INSTRUKCJE:
NA KOMPOT TRUSKAWKOWY:
a) Połącz truskawki z puree w małym rondlu i zagotuj.
b) W misce wymieszaj pektynę i cukier, następnie dodaj do rondla. Mieszaj do równomiernego połączenia i podgrzewaj kompot do temperatury 95°C.
c) Zdejmij kompot z ognia i przełóż go do miski. Pozwól mu ostygnąć.

DLA KRAQUELINA:
d) Połącz mąkę, cukier i masło w misie miksera wyposażonego w łopatkę i wymieszaj, aby wszystko się połączyło.
e) Gdy krakelin uformuje się w ciasto, wyjmij je z miski i rozwałkuj pomiędzy dwoma arkuszami papieru do pieczenia na grubość około 2 mm. Wkładamy do zamrażalnika na około 30 minut, aby się schłodziło.

f) Po zamrożeniu za pomocą okrągłej foremki do ciasta o średnicy 4 cm wytnij 16 krążków ciasta. Włóż krążki Craquelin do zamrażarki do późniejszego wykorzystania.

PIECZENIE BUŁEK CHOUX:

g) Rozgrzej piekarnik do 180°C/stopień gazu 4 i wyłóż 2 blachy do pieczenia pergaminem do pieczenia.
h) Masło, sól, cukier i wodę umieścić w rondlu ustawionym na średnim ogniu. Gdy masło się rozpuści, do rondelka wsypujemy obie mąki i szybko mieszamy drewnianą łyżką, aż powstanie ciasto.
i) Gdy patelnia jest ustawiona na małym ogniu, energicznie mieszaj przez kilka minut, a następnie przełóż ciasto do miski. Mieszaj jeszcze kilka minut, aż przestanie parować.
j) Dodać pierwsze jajko, ubijać aż do całkowitego wchłonięcia, następnie dodać drugie jajko i ponownie ubić. Możesz nie potrzebować całego trzeciego i ostatniego jajka; dodawaj po trochu, aż ciasto będzie spadać z łyżki w kształcie litery „V".
k) Ciasto przełożyć do rękawa cukierniczego z gładką okrągłą końcówką o średnicy 1,5 cm i wycisnąć 16 kulek choux o średnicy 5 cm na obu przygotowanych blachach do pieczenia.
l) Na każdą bułkę ptysiową nałóż craquelin i piecz przez 35 minut, aż uzyskasz złoty kolor i chrupkość. Wyłącz piekarnik i pozostaw choux do wyschnięcia w piekarniku na kolejne 30 minut.
m) Gdy choux ostygnie, delikatnie odetnij wierzchołki bułek ptysiowych – po prostu usuń małe kółko, nie przecinaj bułek na pół.

PRZYGOTOWANIE KREMU Z KWIATÓW BZU:

n) Śmietankę, syrop z kwiatów czarnego bzu i cukier puder umieścić w misce i ubić śmietanę na sztywną pianę.
o) Przełożyć łyżką do rękawa cukierniczego z końcówką w kształcie gwiazdy.

MONTAŻ BUŁEK CHOUX:

p) Nałóż schłodzony kompot na spód ptysiowych bułek, a następnie wyciśnij na wierzch podwójną warstwę kremu, tak aby nie było widać kompotu. Na wierzchu ułóż mały krążek choux, aby wykończyć ciasto.
q) Nadziewane bułeczki parzone wkrótce zaczną mięknąć, dlatego najlepiej je zjeść w ciągu 24 godzin od nadzienia.
r) Przechowywać w lodówce i pozostawić do osiągnięcia temperatury pokojowej na około 10 minut przed podaniem.

50. Ptysie z kremem malinowo-różowym

SKŁADNIKI:
NA PATE CHOUX:
- 1 szklanka wody
- ½ szklanki (1 kostka) niesolonego masła, pokrojonego w kostkę
- Niewielkie ½ łyżeczki soli
- 1 ¼ szklanki mąki uniwersalnej
- 4 duże jajka

NA KREM:
- 1 ½ szklanki gęstej śmietanki
- 3 łyżki cukru pudru
- 1 łyżeczka czystego ekstraktu waniliowego
- 1 ½ szklanki świeżych malin
- 2 łyżki granulowanego cukru
- 1 łyżka wody różanej

NA CZEKOLADOWY GANACHE:
- 4 uncje ciemnej czekolady, grubo posiekanej
- ½ szklanki gęstej śmietanki
- Szczypta soli

INSTRUKCJE:
NA PATE CHOUX:
a) Rozgrzej piekarnik do 425°F. Dwie blachy do pieczenia wyłóż papierem pergaminowym.

b) W średnim rondlu wymieszaj wodę, masło i sól. Doprowadzić do wrzenia.

c) Zdejmij patelnię z ognia i szybko wmieszaj mąkę, aż mieszanina będzie gładka i zacznie odchodzić od ścianek patelni. Mieszanka również ugotuje się i odparuje trochę wody.

d) Pozostaw mieszaninę do ostygnięcia na 10 minut, a następnie przenieś ją do miski elektrycznego miksera stojącego wyposażonego w końcówkę łopatkową. Ubijaj na niskim poziomie przez 1 minutę.

e) Wbijaj jajka, jedno po drugim, mieszając przez 1 minutę pomiędzy każdym dodaniem. Ciasto może na początku wyglądać na zsiadłe, ale po dodaniu ostatniego jajka stanie się gładkie i błyszczące. Po dodaniu ostatniego jajka ubijaj przez 2 minuty.

f) Nałóż ciasto na przygotowane blachy do pieczenia w formie kopczyków o pojemności ¼ szklanki, używając dużej łyżki do ciastek. Rozłóż je w odległości około 3 cali od siebie.

g) Piec przez 15 minut, następnie zmniejszyć temperaturę piekarnika do 150°F i piec przez dodatkowe 20 minut, aż ciasta uzyskają średniozłoty kolor. Unikaj otwierania piekarnika podczas pieczenia.

h) Wyłącz piekarnik, wyjmij ciasta i w każdym zrób małe nacięcie. Włóż je ponownie do piekarnika na 5 minut, aby para mogła uciec. Połóż je na kratce do ostygnięcia.

NA KREM:

i) Ubij śmietanę, cukier puder i wanilię na puszystą masę. Krem powinien zachować swój kształt, ale nie stać się zbyt sztywny.

j) Maliny rozgnieść z cukrem granulowanym i wodą różaną. Luźno wmieszać rozgniecione jagody w bitą śmietanę, pozostawiając duże smugi jagód.

k) Przed podaniem obficie włóż mieszaninę do rozdrobnionych ptysiów i połóż górną część ciasta na kremie. Schłodź, aby krem się ochłodził.

NA CZEKOLADOWY GANACHE:

l) Umieść czekoladę w średniej misce. Podgrzej śmietanę, aż zacznie parować i gotuj na wolnym ogniu. Zdejmij z ognia i natychmiast polej czekoladą. Posyp szczyptą soli. Pozostawić na 1 minutę, następnie mieszać, aż czekolada się rozpuści, a masa będzie błyszcząca.

m) Gdy jest ciepły, nałóż ganache na kremowe ptysie. W razie potrzeby posmaruj roztopioną czekoladą.

PTYSIE Z KREMEM

51. Profiteroles z ziaren wanilii

SKŁADNIKI:

- 1 Włóż niesolone masło
- 1 szklanka mleka
- 2 łyżki cukru
- 1 szklanka mąki
- ½ łyżeczki proszku do pieczenia
- Szczypta soli
- 5 Jajek
- 1 litr lodów kokosowych
- 2 szklanki coulisu jagodowego
- Shaker do cukru pudru
- Gałązki świeżej mięty

INSTRUKCJE:
a) Rozgrzej piekarnik do 400 stopni F.
b) W rondlu ustawionym na dużym ogniu wymieszaj masło z mlekiem, aż całe masło się rozpuści.
c) Doprowadź płyn do wrzenia i dodaj cukier.
d) Połącz mąkę, proszek do pieczenia i sól. Powoli dodawaj mąkę, kontynuując mieszanie, aż mieszanina utworzy kulę i zacznie odchodzić od ścianek patelni.
e) Zdjąć z ognia i przenieść do miski miksującej. Ubijaj ciasto na średnich obrotach i dodawaj po jednym jajku. Kontynuuj ubijanie, aż ciasto przestanie być śliskie. Wyjąć ciasto z miksera i pozostawić do ostygnięcia.
f) Schłodzone ciasto włóż do rękawa cukierniczego z końcówką w kształcie gwiazdki i wyciśnij 16 krążków wielkości piłeczki golfowej na wyłożoną papierem blachę do pieczenia, w odległości około 2 cali od siebie. Alternatywnie możesz umieścić je na blasze do pieczenia za pomocą dużej łyżki.
g) Włóż blachę do piekarnika i piecz przez 10 minut. Zmniejsz temperaturę do 350 stopni F i kontynuuj gotowanie przez 25 minut. Nie wyjmuj blachy z piekarnika, dopóki krążki nie będą twarde w dotyku.
h) Przed napełnieniem muszelki ostudzić. Za pomocą ząbkowanego noża przekrój profiteroles na pół.
i) Napełnij każdą profiterolę lodami kokosowymi.
j) Posyp profiteroles coulisem jagodowym i udekoruj cukrem pudrem i świeżą miętą.
) Podawaj i ciesz się pysznymi Profiteroles z ziaren wanilii!

52. Choc 'n' Spice Profiteroles

SKŁADNIKI:

- ½ szklanki mąki uniwersalnej
- 2 łyżki mąki uniwersalnej
- 1 łyżeczka mielonego cynamonu
- ⅔ szklanki wody
- ¼ szklanki masła, pokrojonego w kostkę
- 1 ½ łyżeczki masła, pokrojonego w kostkę
- 2 Jajka, ubite
- 1 ¼ szklanki śmietanki do ubijania
- 1 łyżka cukru pudru
- 2 łyżeczki aromatu kawowego
- 4 uncje półsłodkiej czekolady, podzielonej na kawałki
- 2 łyżki Tia Marii
- 2 łyżki jasnego syropu kukurydzianego
- 2 łyżeczki drobnego cukru

INSTRUKCJE:

a) Rozgrzej piekarnik do 205 stopni C i lekko natłuść kilka blach do pieczenia.
b) Na woskowany papier przesiej mąkę i ½ łyżeczki cynamonu.
c) Do rondla zalać wodą i dodać 3-½ łyżki masła. Delikatnie podgrzewaj, aż masło się roztopi, unikając wrzenia, zanim masło się roztopi.
d) Szybko doprowadzić do wrzenia, zdjąć z ognia i za jednym razem dodać mąkę. Szybko wymieszaj drewnianą łyżką, aż powstanie gładka masa.
e) Wróć patelnię do średniego ognia na kilka sekund, dobrze ubijaj, aż ciasto utworzy gładką kulę i pozostawi boki patelni czyste.
f) Zdjąć z ognia i lekko ostudzić. Stopniowo dodawaj jajka, dobrze ubijając po każdym dodaniu, aż powstanie gładkie, błyszczące ciasto.
g) Przenieś ciasto do rękawa cukierniczego wyposażonego w gładką rurkę o średnicy ¾ cala i wyciśnij 24 małe kulki na natłuszczoną blachę do pieczenia.
h) Piec w nagrzanym piekarniku przez 20 minut, następnie zmniejszyć temperaturę piekarnika do 175 stopni C i kontynuować pieczenie przez 15-20 minut dłużej lub do momentu, aż dobrze wyrosną, będą chrupiące i będą wydawać głuchy dźwięk przy postukiwaniu od spodu.
i) Z boku każdego ciasta zrób nacięcie, aby umożliwić ujście pary. Studzimy na drucianej kratce.

j) Ubij śmietanę, cukier puder i aromat kawowy, aż masa będzie gęsta. Przełóż łyżką do rękawa cukierniczego wyposażonego w małą rurkę w kształcie gwiazdki, a następnie nałóż krem na ciastka lub napełnij je łyżeczką.
k) Ułóż profiteroles w kształcie piramidy na naczyniu do serwowania.
l) Rozpuść czekoladę i resztę masła w żaroodpornej misce ustawionej nad garnkiem z delikatnie gotującą się wodą.
m) Dodaj Tia Maria i syrop kukurydziany, kontynuuj mieszanie, aż sos będzie gładki i pokryje grzbiet łyżki.
n) Łyżką sosu czekoladowego polej Profiteroles i odstaw na kilka minut.
o) Wymieszaj pozostałą ½ łyżeczki cynamonu z drobnym cukrem i posyp profiteroles.

53. Czekoladowe Profiterole

SKŁADNIKI:

- 7 uncji masła
- 2 szklanki gorącej wody
- 9 uncji mąki
- 8 dużych jaj

INSTRUKCJE:

a) W rondlu wymieszaj masło z gorącą wodą i podgrzej do wrzenia. Wyłącz ogień i dodaj całą mąkę. Dobrze ubij, a następnie włącz ponownie ogień, aby wysuszyć mieszaninę.
b) Pozostaw mieszaninę na 5 minut, następnie dodawaj po jednym jajku.
c) Przed dodaniem następnego jajko włóż je całkowicie do masy.
d) Wyciśnij profiteroles na blachę i piecz w piekarniku nagrzanym na 100°C przez 50 minut.
e) Wyłącz piekarnik i pozostaw profiteroles do ostygnięcia piekarnika. W tym czasie lekko uchyl drzwiczki piekarnika, aby mogły wystarczająco wyschnąć.
f) Jeśli nie wykorzystasz zyskuroli tego samego dnia, natychmiast włóż je do zamrażarki. Po zamrożeniu przechowuj je w plastikowej torbie, aby zapobiec czerstwieniu.
g) Przed podaniem przekrój profiteroles na pół i włóż je do wysokiego piekarnika, aż będą gorące. Do każdej dolnej połówki włóż małą okrągłą gałkę lodów.
h) Przykryj pozostałymi wierzchołkami, a następnie na wierzch każdego z nich nałóż cienki sos z gorącej czekolady.
i) Natychmiast podawaj.

54. Profiteroles z sorbetem malinowym i sosem czekoladowym

SKŁADNIKI:

NA CIASTO KREMOWE:
- 1 szklanka wody (250 ml)
- 2 łyżki cukru (25 ml)
- ⅓ szklanki masła, pokrojonego na małe kawałki (75 ml)
- 1 szklanka mąki uniwersalnej (250 ml)
- 4 jajka

DO WYPEŁNIENIA:
- 1 litr sorbetu malinowego

NA SOS CZEKOLADOWY:
- 6 uncji posiekanej gorzkiej lub półsłodkiej czekolady (175 g)
- 2 łyżki kakao (25 ml)
- 3 łyżki syropu kukurydzianego (45 ml)
- ½ szklanki mleka lub wody (125 ml)
- 1 łyżeczka czystego ekstraktu waniliowego (5 ml)

INSTRUKCJE:
NA CIASTO KREMOWE:
a) W dużym rondlu zagotuj wodę, cukier i masło na ptysie.
b) Zdjąć z ognia i dodać mąkę na raz, cały czas mieszając, aż ciasto połączy się w kulę.
c) Wróć do ognia i gotuj, mieszając ciasto na dnie patelni, aby wysuszyć. Zdjąć z ognia, gdy na dnie utworzy się cienki film.
d) Przenieść mieszaninę do miski miksującej i ostudzić przez 5 minut.
e) Do ciasta dodawaj jajka, jedno po drugim, aż każde jajko zostanie całkowicie wchłonięte.
f) Wyciśnij lub łyżką ciasto uformuj 24 małe kopczyki na blasze wyłożonej pergaminem.
g) Piec w nagrzanym piekarniku do temperatury 200°C przez 20 do 25 minut, aż napęcznieje i zarumieni się. Sprawdź po 15 minutach i w razie potrzeby zmniejsz ogień. Fajny.
h) Z ciastek zdejmij czapki, wyciągnij niewypieczone ciasto i napełnij każde ptysie maleńkimi gałkami sorbetu malinowego. Wymień zatyczki. Zamrażać.

NA SOS CZEKOLADOWY:
i) W rondelku wymieszaj posiekaną czekoladę, kakao, syrop kukurydziany i wodę. Podgrzewaj mieszaninę, ciągle mieszając.
j) Gdy masa będzie gładka, zdejmij z ognia i dodaj wanilię.

MONTAŻ:
k) Na talerzu ułóż 3 nadziewane profiterole i polej sosem czekoladowym.
l) Podawaj od razu i rozkoszuj się pysznymi profiterolesami z sorbetem malinowym i sosem czekoladowym!

55. Profiterole tiramisu

SKŁADNIKI:
DLA PROFITEROLÓW:
- 300 mililitrów wody (1/2 pinty)
- 110 gramów masła, pokrojonego w kostkę (4 uncje)
- 140 gramów mocnej mąki zwykłej (5 uncji)
- 4 Jajka, ubite

DO WYPEŁNIENIA:
- 4 Żółtka jaj
- 85 gramów cukru pudru (3 uncje)
- 1 łyżeczka kawy rozpuszczalnej
- 1 łyżka likieru kawowego
- 50 gramów zwykłej czekolady, posiekanej (2 uncje)
- 350 gramów serka Mascarpone (12 uncji)
- 2 Białka jaj
- 25 gramów cukru pudru (1 uncja)
- 300 mililitrów Śmietanka do ubijania (1/2 litra)

NA SOS CZEKOLADOWY:
- 110 gramów zwykłej czekolady (4 uncje)
- 1 łyżeczka kawy rozpuszczalnej
- 300 mililitrów Śmietanka do ubijania

INSTRUKCJE:
DLA PROFITEROLÓW:
a) Delikatnie podgrzej razem wodę z masłem, aż zacznie się gotować.
b) Zdejmij patelnię z ognia i natychmiast ubijaj mąkę, aż uzyskasz gęstą, gładką pastę.
c) Dodawaj po trochu ubite jajka, dobrze ubijając, aż mieszanina stanie się błyszczącą pastą.
d) Nałóż łyżeczkę pasty na przygotowane blachy i piecz w temperaturze 180°C/350°F/stopień gazu 4 przez 30 minut, aż ciasto będzie złotobrązowe i suche w środku.
e) Studzimy na metalowej kratce, a następnie przekrawamy na pół.

DO WYPEŁNIENIA:
f) Żółtka ubić z cukrem na patelni z gotującą się wodą, aż masa będzie jasna i puszysta (5-8 minut). Zdjąć z ognia.
g) Wymieszaj kawę w proszku i likier i dodaj do masy jajecznej.
h) Dodać kawałki czekolady i wymieszać do połączenia. Stopniowo dodawaj mascarpone i ubijaj na gładką masę.
i) W czystej misce ubić białka z 25 g cukru i dodać do masy mascarpone.
j) Każdą z proferoles napełnij dużą łyżką nadzienia.

NA SOS CZEKOLADOWY:
k) Czekoladę rozpuścić w śmietanie na patelni.
l) Dodaj kawę mieloną i mieszaj, aż masa będzie gładka.
m) Podawaj sos na gorąco lub na zimno z nadziewanymi profiterolami.

56. Słodkie Profiterole

SKŁADNIKI:

- 1 kostka niesolonego masła
- 1 szklanka mleka
- ½ łyżeczki soli
- 2 łyżki cukru
- 1 szklanka mąki
- ½ łyżeczki proszku do pieczenia
- 5 jaj

INSTRUKCJE:

a) Rozgrzej piekarnik do 375 stopni.
b) W średnim rondlu podgrzej masło i mleko na dużym ogniu, mieszając, aż masło się rozpuści, a mieszanina zagotuje.
c) Wymieszaj sól i cukier.
d) Połączyć mąkę z proszkiem do pieczenia, następnie dodać na raz do mieszanki mlecznej. Ubijaj, a następnie mieszaj, aż mieszanina zacznie odchodzić od ścianek patelni i uformuje kulę ciasta.
e) Zdejmij z ognia i przełóż ciasto do miski.
f) Za pomocą miksera elektrycznego ubijaj 5 jajek, jedno po drugim. Przed dodaniem następnego upewnij się, że każde jajko zostało dokładnie wmieszane.
g) Za pomocą rękawa cukierniczego bez końcówki wyciśnij 16 dużych kawałków ciasta wielkości piłki golfowej na nienatłuszczoną blachę do pieczenia.
h) Piec, aż profiteroles będą złotobrązowe, gładkie na spodzie i suche w środku, około 25 minut.
i) Wyjąć z piekarnika i pozostawić do ostygnięcia. Te profiteroles można przygotować z wyprzedzeniem; nie zamrażaj.
j) Podawaj i ciesz się pysznymi słodkimi profiteroles! Można je wypełnić różnymi słodkimi nadzieniami, takimi jak bita śmietana, ciasto kremowe lub lody, aby uzyskać pyszną przekąskę.

57. Mokka Profiteroles

SKŁADNIKI:

- 1 szklanka wody
- 1/2 szklanki niesolonego masła
- 1 Mąkę o wszechstronnym przeznaczeniu
- 4 duże jajka
- 1 szklanka gęstej śmietanki
- 1/4 szklanki kakao w proszku
- 1/4 szklanki cukru pudru
- Ganasz czekoladowy do posypania

INSTRUKCJE:

a) Rozgrzej piekarnik do 200°C i wyłóż blachę do pieczenia papierem pergaminowym.
b) W rondlu zagotuj wodę i masło. Dodajemy mąkę i mieszamy, aż powstanie gładkie ciasto.
c) Zdjąć z ognia i pozostawić do ostygnięcia na kilka minut. Dodawaj jajka, jedno po drugim, dobrze ubijając po każdym dodaniu.
d) Ciasto przełożyć do rękawa cukierniczego i wyciskać małe kopczyki na blachę do pieczenia. Piec przez 20-25 minut lub do złotego koloru.
e) W misce ubić gęstą śmietanę z kakao i cukrem pudrem, aż powstanie sztywna piana.
f) Profiteroles przekrój na pół, wypełnij bitą śmietaną typu mokka i skrop czekoladowym ganache.

58. Profiteroles z Foie Gras

SKŁADNIKI:

- ½ funta tłuszczu Foie gras
- 2 szklanki mleka
- ½ funta plus 5 uncji mąki
- Sól dla smaku
- 6 Całe jajka

INSTRUKCJE:

a) Rozgrzej piekarnik do 425 stopni.
b) W garnku na sos zagotuj tłuszcz z foie gras, mleko i sól.
c) Wsyp mąkę i smaż, aż pasta oddzieli się od ścianek garnka, ciągle mieszając.
d) Zdjąć z ognia i umieścić w elektrycznej misce miksującej.
e) Używając przystawki do łyżek i miksera ustawionego na małą prędkość, dodawaj po jednym jajku.
f) W rękawie cukierniczym z końcówką w kształcie gwiazdki napełnij go pastą.
g) Wylej masę na blachę wyłożoną papierem pergaminowym.
h) Piec, aż profiteroles będą złociste i twarde.

59. Profiteroles z lodami Bourbon

SKŁADNIKI:
NA LODY BOURBON:
- 2 szklanki pełnego mleka
- 6 Bardzo dużych żółtek
- ½ szklanki cukru granulowanego
- 1 szklanka gęstej śmietanki
- 3 łyżki Bourbona
- 1 łyżka ciemnego rumu
- ½ łyżeczki świeżo startej gałki muszkatołowej

NA KREMOWE CIASTO Puffowe (PÂTE À CHOUX):
- 5 Bardzo duże całe jajka
- 1 szklanka wody
- 1 sztyft (1/4 funta) niesolonego masła
- ⅛ łyżeczki soli
- ¼ łyżeczki cukru granulowanego
- 1 szklanka przesianej niebielonej mąki

DO MYCIA JAJ:
- 1 jajko zmieszane z 1 łyżką wody

DO MONTAŻU:
- 1 przepis na sos krówkowy (patrz poniżej)

INSTRUKCJE:
NA LODY BOURBON:
a) Mleko wlać do garnka o grubym dnie i delikatnie doprowadzić do wrzenia na średnim ogniu. Unikaj przypalania lub wygotowania. Zmniejsz ogień i gotuj na wolnym ogniu przez 10 minut, bez przykrycia. Zdjąć z ognia.

b) W dużej misce miksera elektrycznego ubijaj żółtka z cukrem na średniej prędkości przez 5 minut.

c) Dodaj kilka łyżek gorącego mleka do mieszanki jajek i cukru, aby zahartować jajka. Postaw garnek z mlekiem z powrotem na kuchence i na małym ogniu dodawaj mieszaninę żółtka i cukru wolnym, stałym strumieniem, ciągle mieszając.

d) Kontynuuj gotowanie przez 7 lub 8 minut, ciągle mieszając, aż krem zgęstnieje i pokryje grzbiet łyżki. Zdjąć z ognia i całkowicie ostudzić w łaźni lodowo-wodnej.

e) Dodaj bourbon, rum i gałkę muszkatołową. Dodaj gęstą śmietankę i zamroź zgodnie z instrukcją producenta lodów.

NA KREMOWE CIASTO Puffowe (PÂTE À CHOUX):

f) Jajka rozbij do pojemnika i postaw obok kuchenki.
g) W garnku o grubym dnie zagotuj wodę, masło, sól i cukier. Gdy płyn się zagotuje, za pomocą drewnianej łyżki wmieszaj mąkę na raz.
h) Zmniejsz ogień do niskiego poziomu i ciągle mieszaj przez 3 do 4 minut, aż mieszanina połączy się i odejdzie od ścianek garnka. W procesie tym wydobywa się smak surowej mąki.
i) Na małym ogniu dodawać po jednym jajku, wprowadzając każde jajko z osobna, aż do całkowitego wchłonięcia przez mąkę. Mieszanka stanie się błyszcząca i elastyczna. Zdjąć z ognia, umieścić w misce ze stali nierdzewnej i całkowicie ostudzić.

DLA PROFITEROLI:

j) Rozgrzej piekarnik do 425 stopni.
k) Używając rękawa cukierniczego z prostą, średnią końcówką, wyciśnij około 1 zaokrąglonej łyżki ciasta na każdą profiterolę na blachę wyłożoną lekko posmarowanym masłem pergaminem, zachowując odstępy około 1 cala od siebie. Alternatywnie, za pomocą łyżki wyłóż ciasto na pergamin.
l) Delikatnie posmaruj każdy profiterole rozmąconym jajkiem, włóż do nagrzanego piekarnika i piecz przez 15 minut, a następnie obniż temperaturę do 350 stopni.
m) Piec, aż ptysie staną się złotobrązowe, jeszcze około 12 minut. Wyjąć z piekarnika i pozostawić do ostygnięcia.
n) Po ostygnięciu przekrój i napełnij małą gałką lodów. Umieść każdą nadziewaną profiterolę w zamrażarce, aby lody pozostały zamrożone do czasu podania.
o) Aby podać, połóż po jednej zyskuroli na każdym talerzu, polej sosem krówkowym i natychmiast podawaj.

60. Sernik Truskawkowy Profiteroles

SKŁADNIKI:

- 1 szklanka wody
- 1/2 szklanki niesolonego masła
- 1 Mąkę o wszechstronnym przeznaczeniu
- 4 duże jajka
- 1 szklanka serka śmietankowego, zmiękczonego
- 1/2 szklanki cukru pudru
- 1 łyżeczka ekstraktu waniliowego
- Świeże truskawki, pokrojone w plasterki

INSTRUKCJE:

a) Rozgrzej piekarnik do 200°C i wyłóż blachę do pieczenia papierem pergaminowym.
b) W rondlu zagotuj wodę i masło. Dodajemy mąkę i mieszamy, aż powstanie gładkie ciasto.
c) Zdjąć z ognia i pozostawić do ostygnięcia na kilka minut. Dodawaj jajka, jedno po drugim, dobrze ubijając po każdym dodaniu.
d) Ciasto przełożyć do rękawa cukierniczego i wyciskać małe kopczyki na blachę do pieczenia. Piec przez 20-25 minut lub do złotego koloru.
e) W misce wymieszaj serek śmietankowy, cukier puder i wanilię na gładką masę. Profiteroles przekrój na pół, napełnij mieszanką serka śmietankowego i ułóż pokrojone w plasterki truskawki.

61. Profiteroles z sosem toffi

SKŁADNIKI:
PASTA CHOUX:
- 200 mililitrów wody (7 uncji uncji)
- 100 gramów masła (3½ uncji)
- 1 łyżka wody (dodatkowo)
- 150 gramów zwykłej mąki (3⅓ uncji)
- 4 jajka

POŻYWNY:
- Lody waniliowe

SOS TOFFEE:
- 400 mililitrów śmietany (14 uncji)
- 340 gramów cukru pudru (12 uncji)
- 3 łyżeczki proszku kakaowego
- 2 łyżki syropu Golden
- 1 łyżka masła
- 1 łyżka cukru waniliowego

INSTRUKCJE:
a) Rozgrzej piekarnik do 200°C/400°F/gaz Mark 6.
b) Nasmaruj blachę do pieczenia 1 łyżką masła.

PASTA CHOUX:
c) Zagotuj wodę i 100 g masła.
d) Dodaj mąkę i energicznie mieszaj, aż mieszanina będzie odchodzić od ścianek patelni.
e) Zdjąć z ognia, mieszać przez 2-3 minuty i pozostawić do ostygnięcia.
f) Wbijaj po 1 jajku na raz.
g) Włóż pastę do rękawa cukierniczego i wyciśnij 30-40 małych bułeczek na przygotowaną blachę do pieczenia.
h) Piec na środku piekarnika przez około 10 minut lub do momentu, aż ciasto parzone wzrośnie ponad dwukrotnie i będzie złociste.

SOS TOFFEE:
i) Na patelni wymieszaj śmietanę, cukier, kakao i złoty syrop.
j) Doprowadzić do wrzenia, mieszając, następnie zmniejszyć ogień, kontynuować mieszanie i gotować na wolnym ogniu przez 20-30 minut lub do momentu, aż sos będzie gęsty i złocistobrązowy.
k) Zdejmij z ognia, dodaj masło i dodaj cukier waniliowy do smaku.
l) Mieszaj od czasu do czasu, aż sos ostygnie.
m) Nakrój profiteroles i napełnij je lodami waniliowymi.
n) Ułóż profiteroles na talerzu w kształcie piramidy.
o) Polać sosem toffi na profiteroles. Jeśli zostanie jakiś sos, podawaj go osobno.
p) Podawaj i ciesz się pysznymi profiteroles z sosem toffi! Połącz ze słodkim białym winem, aby uzyskać jeszcze lepsze doznania.

62. Profiteroles z mango i kokosa

SKŁADNIKI:

- 1 szklanka wody
- 1/2 szklanki niesolonego masła
- 1 Mąkę o wszechstronnym przeznaczeniu
- 4 duże jajka
- 1 szklanka kremu kokosowego
- 1/4 szklanki cukru pudru
- 1 dojrzałe mango, pokrojone w kostkę

INSTRUKCJE:

a) Rozgrzej piekarnik do 200°C i wyłóż blachę do pieczenia papierem pergaminowym.
b) W rondlu zagotuj wodę i masło. Dodajemy mąkę i mieszamy, aż powstanie gładkie ciasto.
c) Zdjąć z ognia i pozostawić do ostygnięcia na kilka minut. Dodawaj jajka, jedno po drugim, dobrze ubijając po każdym dodaniu.
d) Ciasto przełożyć do rękawa cukierniczego i wyciskać małe kopczyki na blachę do pieczenia. Piec przez 20-25 minut lub do złotego koloru.
e) W misce ubić śmietankę kokosową z cukrem pudrem na sztywną pianę.
f) Profiteroles przekrój na pół, napełnij kremem kokosowym i posyp pokrojonym w kostkę mango.

63. Profiteroles z jagodami i cytryną

SKŁADNIKI:

- 1 szklanka wody
- 1/2 szklanki niesolonego masła
- 1 Mąkę o wszechstronnym przeznaczeniu
- 4 duże jajka
- 1 szklanka bitej śmietany
- Skórka z 1 cytryny
- 1 szklanka świeżych jagód

INSTRUKCJE:

a) Rozgrzej piekarnik do 200°C i wyłóż blachę do pieczenia papierem pergaminowym.
b) W rondlu zagotuj wodę i masło. Dodajemy mąkę i mieszamy, aż powstanie gładkie ciasto.
c) Zdjąć z ognia i pozostawić do ostygnięcia na kilka minut. Dodawaj jajka, jedno po drugim, dobrze ubijając po każdym dodaniu.
d) Ciasto przełożyć do rękawa cukierniczego i wyciskać małe kopczyki na blachę do pieczenia. Piec przez 20-25 minut lub do złotego koloru.
e) W misce wymieszaj bitą śmietanę i skórkę z cytryny. Napełnij profiteroles kremem cytrynowym i posyp świeżymi jagodami.

64. Pikantne Ziołowe Profiteroles

SKŁADNIKI:

- 1 kostka niesolonego masła
- 1 szklanka mleka
- ½ łyżeczki soli
- ¼ łyżeczki świeżo zmielonego białego pieprzu
- 1 Mąkę o wszechstronnym przeznaczeniu
- ½ łyżeczki proszku do pieczenia
- 5 jaj
- 1 łyżka różnych posiekanych świeżych ziół (takich jak bazylia, pietruszka, tymianek)
- 1 łyżka startego parmezanu

INSTRUKCJE:

a) Rozgrzej piekarnik do 375 stopni.
b) W średnim rondlu podgrzej masło i mleko na dużym ogniu, mieszając, aż masło się roztopi, a mieszanina zacznie wrzeć. Wymieszaj sól i biały pieprz.
c) Połączyć mąkę z proszkiem do pieczenia, następnie dodać na raz do mieszanki mlecznej. Ubijaj i mieszaj, aż mieszanina zacznie odchodzić od ścianek patelni i uformuje kulę ciasta.
d) Zdejmij z ognia i przełóż ciasto do miski.
e) Za pomocą miksera elektrycznego ubijaj 5 jajek, jedno po drugim. Przed dodaniem następnego upewnij się, że każde jajko zostało dokładnie wmieszane.
f) Dodaj posiekane świeże zioła i starty parmezan, mieszaj, aż składniki się dokładnie połączą.
g) Za pomocą rękawa cukierniczego bez końcówki wyciśnij 16 dużych kawałków ciasta wielkości piłki golfowej na nienatłuszczoną blachę do pieczenia.
h) Piec, aż profiteroles będą złotobrązowe, gładkie na spodzie i suche w środku, około 25 minut.
i) Wyjąć z piekarnika i pozostawić do ostygnięcia. Te profiteroles można przygotować z wyprzedzeniem; nie zamrażaj.
j) Podawaj i ciesz się wspaniałymi, pikantnymi ziołowymi profiteroles! Stanowią świetną przekąskę lub dodatek do różnych potraw.

65. Profiteroles z malinowej czekolady

SKŁADNIKI:

- 1 szklanka wody
- 1/2 szklanki niesolonego masła
- 1 Mąkę o wszechstronnym przeznaczeniu
- 4 duże jajka
- 1 szklanka gorzkiej czekolady, roztopionej
- 1 szklanka bitej śmietany
- Świeże maliny

INSTRUKCJE:

a) Rozgrzej piekarnik do 200°C i wyłóż blachę do pieczenia papierem pergaminowym.
b) W rondlu zagotuj wodę i masło. Dodajemy mąkę i mieszamy, aż powstanie gładkie ciasto.
c) Zdjąć z ognia i pozostawić do ostygnięcia na kilka minut. Dodawaj jajka, jedno po drugim, dobrze ubijając po każdym dodaniu.
d) Ciasto przełożyć do rękawa cukierniczego i wyciskać małe kopczyki na blachę do pieczenia. Piec przez 20-25 minut lub do złotego koloru.
e) Zanurzaj wierzchołki profiteroles w roztopionej ciemnej czekoladzie.
f) Wypełnij bitą śmietaną i posyp świeżymi malinami.

66. Profiteroles z kremem kawowym

SKŁADNIKI:

- 1 szklanka wody
- 1/2 szklanki niesolonego masła
- 1 Mąkę o wszechstronnym przeznaczeniu
- 4 duże jajka
- 1 szklanka pełnego mleka
- 2 łyżki kawy rozpuszczalnej
- 1/2 szklanki granulowanego cukru
- 2 łyżki skrobi kukurydzianej
- Bita śmietana do nadzienia

INSTRUKCJE:

a) Rozgrzej piekarnik do 200°C i wyłóż blachę do pieczenia papierem pergaminowym.

b) W rondlu zagotuj wodę i masło. Dodajemy mąkę i mieszamy, aż powstanie gładkie ciasto.

c) Zdjąć z ognia i pozostawić do ostygnięcia na kilka minut. Dodawaj jajka, jedno po drugim, dobrze ubijając po każdym dodaniu.

d) Ciasto przełożyć do rękawa cukierniczego i wyciskać małe kopczyki na blachę do pieczenia. Piec przez 20-25 minut lub do złotego koloru.

e) W rondlu podgrzej mleko i kawę rozpuszczalną, aż będą ciepłe. W osobnej misce wymieszaj cukier i skrobię kukurydzianą. Stopniowo dodawaj ciepłe mleko kawowe, cały czas mieszając.

f) Włóż mieszaninę z powrotem do rondla i gotuj na średnim ogniu, aż zgęstnieje. Pozwól kremowi kawowemu ostygnąć.

g) Profiteroles przekrój na pół, napełnij kremem kawowym i posyp bitą śmietaną.

67. Herbata Earl Grey Profiteroles

SKŁADNIKI:

- 1 szklanka wody
- 1/2 szklanki niesolonego masła
- 1 Mąkę o wszechstronnym przeznaczeniu
- 4 duże jajka
- 1 szklanka gęstej śmietanki
- 2 łyżki sypkich liści herbaty Earl Grey
- 1/4 szklanki cukru pudru

INSTRUKCJE:

a) Rozgrzej piekarnik do 200°C i wyłóż blachę do pieczenia papierem pergaminowym.
b) W rondlu zagotuj wodę i masło. Dodajemy mąkę i mieszamy, aż powstanie gładkie ciasto.
c) Zdjąć z ognia i pozostawić do ostygnięcia na kilka minut. Dodawaj jajka, jedno po drugim, dobrze ubijając po każdym dodaniu.
d) Ciasto przełożyć do rękawa cukierniczego i wyciskać małe kopczyki na blachę do pieczenia. Piec przez 20-25 minut lub do złotego koloru.
e) W rondlu podgrzej gęstą śmietanę, aż zacznie się gotować. Zdjąć z ognia, dodać liście herbaty Earl Grey i pozostawić do zaparzenia na 10 minut. Odcedź liście herbaty ze śmietanki.
f) Ubij śmietankę na bazie herbaty z cukrem pudrem, aż powstanie sztywna piana.
g) Profiteroles przekroić na pół, wypełnić bitą śmietaną Earl Grey i w razie potrzeby posypać dodatkowo cukrem pudrem.

68. Profiteroles z sera pleśniowego i orzechów włoskich

SKŁADNIKI:
- 1 szklanka wody
- 1/2 szklanki niesolonego masła
- 1 Mąkę o wszechstronnym przeznaczeniu
- 4 duże jajka
- 1 szklanka sera pleśniowego, pokruszonego
- 1/2 szklanki gęstej śmietanki
- 1/4 szklanki posiekanych orzechów włoskich
- Miód do posypania

INSTRUKCJE:
a) Rozgrzej piekarnik do 200°C i wyłóż blachę do pieczenia papierem pergaminowym.
b) W rondlu zagotuj wodę i masło. Dodajemy mąkę i mieszamy, aż powstanie gładkie ciasto.
c) Zdjąć z ognia i pozostawić do ostygnięcia na kilka minut. Dodawaj jajka, jedno po drugim, dobrze ubijając po każdym dodaniu.
d) Ciasto przełożyć do rękawa cukierniczego i wyciskać małe kopczyki na blachę do pieczenia. Piec przez 20-25 minut lub do złotego koloru.
e) W misce ubij gęstą śmietanę, aż powstanie sztywna piana. Delikatnie wymieszaj z serem pleśniowym i posiekanymi orzechami włoskimi.
f) Profiteroles przekrój na pół, napełnij mieszanką sera pleśniowego i skrop miodem.

69. Zielona herbata Matcha Profiteroles

SKŁADNIKI:
- 1 szklanka wody
- 1/2 szklanki niesolonego masła
- 1 Mąkę o wszechstronnym przeznaczeniu
- 4 duże jajka
- 1 szklanka gęstej śmietanki
- 2 łyżki sproszkowanej zielonej herbaty matcha
- 1/4 szklanki cukru pudru

INSTRUKCJE:

a) Rozgrzej piekarnik do 200°C i wyłóż blachę do pieczenia papierem pergaminowym.
b) W rondlu zagotuj wodę i masło. Dodajemy mąkę i mieszamy, aż powstanie gładkie ciasto.
c) Zdjąć z ognia i pozostawić do ostygnięcia na kilka minut. Dodawaj jajka, jedno po drugim, dobrze ubijając po każdym dodaniu.
d) Ciasto przełożyć do rękawa cukierniczego i wyciskać małe kopczyki na blachę do pieczenia. Piec przez 20-25 minut lub do złotego koloru.
e) W misce ubij śmietankę z proszkiem zielonej herbaty matcha i cukrem pudrem, aż powstanie sztywna piana.
f) Profiteroles przekrój na pół, wypełnij bitą śmietaną matcha i posyp dodatkowym proszkiem matcha, jeśli chcesz.

70. Profiteroles z czekolady orzechowej

SKŁADNIKI:

- 1 szklanka wody
- 1/2 szklanki niesolonego masła
- 1 Mąkę o wszechstronnym przeznaczeniu
- 4 duże jajka
- 1 szklanka kremu z orzechów laskowych
- 1/2 szklanki gęstej śmietanki
- Posiekane orzechy laskowe do dekoracji

INSTRUKCJE:

a) Rozgrzej piekarnik do 200°C i wyłóż blachę do pieczenia papierem pergaminowym.
b) W rondlu zagotuj wodę i masło. Dodajemy mąkę i mieszamy, aż powstanie gładkie ciasto.
c) Zdjąć z ognia i pozostawić do ostygnięcia na kilka minut. Dodawaj jajka, jedno po drugim, dobrze ubijając po każdym dodaniu.
d) Ciasto przełożyć do rękawa cukierniczego i wyciskać małe kopczyki na blachę do pieczenia. Piec przez 20-25 minut lub do złotego koloru.
e) W misce wymieszaj krem z orzechów laskowych i gęstą śmietanę, aż uzyskasz gładką masę.
f) Profiteroles przekrój na pół, napełnij kremem orzechowym i posyp posiekanymi orzechami laskowymi.

71. Profiteroles z rumu kokosowego i ananasowego

SKŁADNIKI:
- 1 szklanka wody
- 1/2 szklanki niesolonego masła
- 1 Mąkę o wszechstronnym przeznaczeniu
- 4 duże jajka
- 1 szklanka kremu kokosowego
- 1 szklanka świeżego ananasa, pokrojonego w kostkę
- 2 łyżki rumu (opcjonalnie)

INSTRUKCJE:
a) Rozgrzej piekarnik do 200°C i wyłóż blachę do pieczenia papierem pergaminowym.
b) W rondlu zagotuj wodę i masło. Dodajemy mąkę i mieszamy, aż powstanie gładkie ciasto.
c) Zdjąć z ognia i pozostawić do ostygnięcia na kilka minut. Dodawaj jajka, jedno po drugim, dobrze ubijając po każdym dodaniu.
d) Ciasto przełożyć do rękawa cukierniczego i wyciskać małe kopczyki na blachę do pieczenia. Piec przez 20-25 minut lub do złotego koloru.
e) W misce wymieszaj śmietankę kokosową, pokrojony w kostkę ananas i rum (jeśli używasz).
f) Profiteroles przekrój na pół, wypełnij mieszanką ananasowo-kokosową i podawaj.

72. Profiteroles z ciemnej czekolady i maliny

SKŁADNIKI:

- 1 szklanka wody
- 1/2 szklanki niesolonego masła
- 1 Mąkę o wszechstronnym przeznaczeniu
- 4 duże jajka
- 1 szklanka posiekanej ciemnej czekolady
- 1/2 szklanki gęstej śmietanki
- Świeże maliny do dekoracji

INSTRUKCJE:

a) Rozgrzej piekarnik do 200°C i wyłóż blachę do pieczenia papierem pergaminowym.
b) W rondlu zagotuj wodę i masło. Dodajemy mąkę i mieszamy, aż powstanie gładkie ciasto.
c) Zdjąć z ognia i pozostawić do ostygnięcia na kilka minut. Dodawaj jajka, jedno po drugim, dobrze ubijając po każdym dodaniu.
d) Ciasto przełożyć do rękawa cukierniczego i wyciskać małe kopczyki na blachę do pieczenia. Piec przez 20-25 minut lub do złotego koloru.
e) W żaroodpornej misce połącz posiekaną gorzką czekoladę i gęstą śmietanę. Roztopić razem na podwójnym bojlerze lub w kuchence mikrofalowej, mieszając, aż masa będzie gładka.
f) Profiteroles przekrój na pół, napełnij ganache z ciemnej czekolady i posyp świeżymi malinami.

73. Praliny migdałowe Profiteroles

SKŁADNIKI:

- 1 szklanka wody
- 1/2 szklanki niesolonego masła
- 1 Mąkę o wszechstronnym przeznaczeniu
- 4 duże jajka
- 1 szklanka gęstej śmietanki
- 1/2 szklanki migdałowej pasty pralinowej
- Migdały w plasterkach do dekoracji

INSTRUKCJE:

a) Rozgrzej piekarnik do 200°C i wyłóż blachę do pieczenia papierem pergaminowym.
b) W rondlu zagotuj wodę i masło. Dodajemy mąkę i mieszamy, aż powstanie gładkie ciasto.
c) Zdjąć z ognia i pozostawić do ostygnięcia na kilka minut. Dodawaj jajka, jedno po drugim, dobrze ubijając po każdym dodaniu.
d) Ciasto przełożyć do rękawa cukierniczego i wyciskać małe kopczyki na blachę do pieczenia. Piec przez 20-25 minut lub do złotego koloru.
e) W misce ubij gęstą śmietanę, aż powstanie sztywna piana. Delikatnie wymieszaj z migdałową pastą pralinową.
f) Profiteroles przekrój na pół, napełnij migdałowym kremem pralinowym i posyp płatkami migdałów.

74. Profiteroles z białej czekolady Macadamia

SKŁADNIKI:

- 1 szklanka wody
- 1/2 szklanki niesolonego masła
- 1 Mąkę o wszechstronnym przeznaczeniu
- 4 duże jajka
- 1 szklanka kawałków białej czekolady, roztopionych
- 1 szklanka gęstej śmietanki
- 1/2 szklanki posiekanych orzechów makadamia

INSTRUKCJE:

a) Rozgrzej piekarnik do 200°C i wyłóż blachę do pieczenia papierem pergaminowym.
b) W rondlu zagotuj wodę i masło. Dodajemy mąkę i mieszamy, aż powstanie gładkie ciasto.
c) Zdjąć z ognia i pozostawić do ostygnięcia na kilka minut. Dodawaj jajka, jedno po drugim, dobrze ubijając po każdym dodaniu.
d) Ciasto przełożyć do rękawa cukierniczego i wyciskać małe kopczyki na blachę do pieczenia. Piec przez 20-25 minut lub do złotego koloru.
e) Zanurzaj wierzchołki profiteroles w roztopionej białej czekoladzie.
f) W misce ubij gęstą śmietanę, aż powstanie sztywna piana. Delikatnie dodaj posiekane orzechy makadamia.
g) Napełnij profiteroles kremem makadamia i skrop roztopioną białą czekoladą.

75. Profiteroles z miętową czekoladą

SKŁADNIKI:

- 1 szklanka wody
- 1/2 szklanki niesolonego masła
- 1 Mąkę o wszechstronnym przeznaczeniu
- 4 duże jajka
- 1 szklanka posiekanej ciemnej czekolady
- 1/2 szklanki gęstej śmietanki
- 1 łyżeczka ekstraktu z mięty pieprzowej
- Zmielone cukierki miętowe do dekoracji

INSTRUKCJE:

a) Rozgrzej piekarnik do 200°C i wyłóż blachę do pieczenia papierem pergaminowym.
b) W rondlu zagotuj wodę i masło. Dodajemy mąkę i mieszamy, aż powstanie gładkie ciasto.
c) Zdjąć z ognia i pozostawić do ostygnięcia na kilka minut. Dodawaj jajka, jedno po drugim, dobrze ubijając po każdym dodaniu.
d) Ciasto przełożyć do rękawa cukierniczego i wyciskać małe kopczyki na blachę do pieczenia. Piec przez 20-25 minut lub do złotego koloru.
e) W żaroodpornej misce połącz posiekaną gorzką czekoladę, gęstą śmietankę i ekstrakt z mięty pieprzowej. Rozpuścić razem, aż będzie gładkie.
f) Profiteroles przekrój na pół, napełnij ganache z miętowej czekolady i posyp pokruszonymi cukierkami miętowymi.

76. Klasyczne serowe Profiteroles

SKŁADNIKI:

- 1 szklanka wody
- 1/2 szklanki niesolonego masła
- 1 Mąkę o wszechstronnym przeznaczeniu
- 4 duże jajka
- 1 szklanka startego sera Gruyère
- 1 szklanka serka śmietankowego, zmiękczonego
- Sól i pieprz do smaku
- Posiekany szczypiorek do dekoracji

INSTRUKCJE:

a) Rozgrzej piekarnik do 200°C i wyłóż blachę do pieczenia papierem pergaminowym.
b) W rondlu zagotuj wodę i masło. Dodajemy mąkę i mieszamy, aż powstanie gładkie ciasto.
c) Zdjąć z ognia i pozostawić do ostygnięcia na kilka minut. Dodawaj jajka, jedno po drugim, dobrze ubijając po każdym dodaniu.
d) Ciasto przełożyć do rękawa cukierniczego i wyciskać małe kopczyki na blachę do pieczenia. Piec przez 20-25 minut lub do złotego koloru.
e) W misce wymieszaj ser Gruyère i ser śmietankowy, aż dobrze się połączą. Doprawić solą i pieprzem.
f) Profiteroles przekrój na pół, wypełnij mieszanką serową i udekoruj posiekanym szczypiorkiem.

77. Profiteroles z serem Cheddar i bekonem

SKŁADNIKI:
- 1 szklanka wody
- 1/2 szklanki niesolonego masła
- 1 Mąkę o wszechstronnym przeznaczeniu
- 4 duże jajka
- 1 szklanka startego sera cheddar
- 1/2 szklanki gotowanego boczku, pokruszonego
- 1/4 szklanki posiekanej zielonej cebuli

INSTRUKCJE:
a) Rozgrzej piekarnik do 200°C i wyłóż blachę do pieczenia papierem pergaminowym.
b) W rondlu zagotuj wodę i masło. Dodajemy mąkę i mieszamy, aż powstanie gładkie ciasto.
c) Zdjąć z ognia i pozostawić do ostygnięcia na kilka minut. Dodawaj jajka, jedno po drugim, dobrze ubijając po każdym dodaniu.
d) Ciasto przełożyć do rękawa cukierniczego i wyciskać małe kopczyki na blachę do pieczenia. Piec przez 20-25 minut lub do złotego koloru.
e) W misce wymieszaj ser cheddar, pokruszony boczek i posiekaną zieloną cebulę.
f) Profiteroles przekrój na pół, napełnij mieszanką sera cheddar i bekonu.

78. Profiteroles z przyprawą Chai

SKŁADNIKI:

- 1 szklanka wody
- 1/2 szklanki niesolonego masła
- 1 Mąkę o wszechstronnym przeznaczeniu
- 4 duże jajka
- 1 szklanka pełnego mleka
- 3 torebki herbaty chai
- 1/2 szklanki granulowanego cukru
- 2 łyżki skrobi kukurydzianej
- Bita śmietana do nadzienia

INSTRUKCJE:

a) Rozgrzej piekarnik do 200°C i wyłóż blachę do pieczenia papierem pergaminowym.
b) W rondlu zagotuj wodę i masło. Dodajemy mąkę i mieszamy, aż powstanie gładkie ciasto.
c) Zdjąć z ognia i pozostawić do ostygnięcia na kilka minut. Dodawaj jajka, jedno po drugim, dobrze ubijając po każdym dodaniu.
d) Ciasto przełożyć do rękawa cukierniczego i wyciskać małe kopczyki na blachę do pieczenia. Piec przez 20-25 minut lub do złotego koloru.
e) Podgrzej mleko tuż przed zagotowaniem. Dodaj torebki herbaty chai i pozostaw do zaparzenia na 15 minut. Wyjmij torebki z herbatą.
f) W misce wymieszaj cukier i skrobię kukurydzianą. Stopniowo dodawaj mleko z dodatkiem chai, cały czas mieszając.
g) Włóż mieszaninę z powrotem do rondla i gotuj na średnim ogniu, aż zgęstnieje. Pozwól kremowi chai ostygnąć.
h) Profiteroles przekrój na pół, napełnij kremem chai i posyp bitą śmietaną.

79. Pistacje Gelato Profiteroles

SKŁADNIKI:
ŻELATY PISTACJOWE
- 2 szklanki pełnego mleka
- 1/3 szklanki cukru
- 2 łyżki skrobi kukurydzianej
- 7 uncji pasty pistacjowej
- 1 łyżeczka soku pomarańczowego

PROFITEROLA PISTACJOWA
- 1 szklanka mąki
- 1 szklanka wody
- 1/2 szklanki masła
- 3 łyżeczki cukru
- 1/4 łyżeczki soli
- 4 jajka
- 2 uncje prażonych pistacji, zmielonych

GARNIRUNEK
- 2 pomarańcze, starte ze skórką
- 5 uncji prażonych pistacji, zmielonych
- 16 uncji sosu czekoladowego
- 2 uncje prażonego oleju pistacjowego

INSTRUKCJE:
PRZYGOTUJ SIĘ
a) Pistacje Gelato można przygotować dzień lub dwa wcześniej. Zetrzyj skórkę z pomarańczy.

ŻELATY PISTACJOWE
b) Przygotuj zawiesinę z 1/4 szklanki mleka ze skrobią kukurydzianą. W rondelku podgrzej resztę mleka z cukrem. Gdy prawie się zagotuje, dodać zawiesinę i gotować na wolnym ogniu przez około 3 minuty, ciągle mieszając. Chłod. Zmiksuj pastę i sok na gładką masę. Przetwarzaj w maszynie do lodów i włóż do zamrażarki.

PROFITEROLA PISTACJOWA
c) Na kuchence rozgrzej masło i wodę. Dodaj cukier i sól. Gdy się zagotuje, wsyp mąkę, aż uformuje się ciasto. Dodawaj jajka, jedno po drugim, aż do całkowitego połączenia. Dodaj pistacje i wyciśnij ciasto na wyłożoną blachę blachę. Piec w temperaturze 350 stopni Fahrenheita, aż będzie puszysty i złocistobrązowy.

GARNIRUNEK

d) Na patelni lekko podgrzej pistacje, skórkę pomarańczową i olej pistacjowy.
e) Wymieszaj sos czekoladowy, aż do całkowitego połączenia. Podawać na ciepło.

MONTAŻ

f) Profiterolę przekrój na pół i połóż gałkę lodów na środku, tworząc mini kanapki z lodami.
g) Na dno talerza nałóż ciepły sos czekoladowy.
h) Połóż kanapki na sosie; na wierzch nałóż więcej ciepłego sosu. Udekoruj posypką zmielonych pistacji.

80. Profiteroles z mlecznej czekolady i orzechów laskowych

SKŁADNIKI:
- 1 szklanka wody
- 1/2 szklanki niesolonego masła
- 1 Mąkę o wszechstronnym przeznaczeniu
- 4 duże jajka
- 1 szklanka mlecznej czekolady, posiekanej
- 1/2 szklanki kremu z orzechów laskowych
- Posiekane prażone orzechy laskowe do dekoracji

INSTRUKCJE:
a) Rozgrzej piekarnik do 200°C i wyłóż blachę do pieczenia papierem pergaminowym.
b) W rondlu zagotuj wodę i masło. Dodajemy mąkę i mieszamy, aż powstanie gładkie ciasto.
c) Zdjąć z ognia i pozostawić do ostygnięcia na kilka minut. Dodawaj jajka, jedno po drugim, dobrze ubijając po każdym dodaniu.
d) Ciasto przełożyć do rękawa cukierniczego i wyciskać małe kopczyki na blachę do pieczenia. Piec przez 20-25 minut lub do złotego koloru.
e) W żaroodpornej misce rozpuść mleczną czekoladę i wymieszaj z kremem z orzechów laskowych, aż masa będzie gładka.
f) Profiteroles przekrój na pół, wypełnij mieszanką czekoladowo-orzechową i posyp posiekanymi prażonymi orzechami laskowymi.

81. Profiteroles z białą czekoladą i kokosem

SKŁADNIKI:

- 1 szklanka wody
- 1/2 szklanki niesolonego masła
- 1 Mąkę o wszechstronnym przeznaczeniu
- 4 duże jajka
- 1 szklanka kawałków białej czekolady
- 1/2 szklanki kremu kokosowego
- wiórki kokosowe do dekoracji

INSTRUKCJE:

a) Rozgrzej piekarnik do 200°C i wyłóż blachę do pieczenia papierem pergaminowym.
b) W rondlu zagotuj wodę i masło. Dodajemy mąkę i mieszamy, aż powstanie gładkie ciasto.
c) Zdjąć z ognia i pozostawić do ostygnięcia na kilka minut. Dodawaj jajka, jedno po drugim, dobrze ubijając po każdym dodaniu.
d) Ciasto przełożyć do rękawa cukierniczego i wyciskać małe kopczyki na blachę do pieczenia. Piec przez 20-25 minut lub do złotego koloru.
e) W żaroodpornej misce rozpuść kawałki białej czekolady. Mieszaj śmietankę kokosową, aż dobrze się połączy.
f) Profiteroles przekrój na pół, wypełnij mieszanką kokosową z białej czekolady i posyp wiórkami kokosowymi.

82. Solony Karmelowy Precel Profiteroles

SKŁADNIKI:
- 1 szklanka wody
- 1/2 szklanki niesolonego masła
- 1 Mąkę o wszechstronnym przeznaczeniu
- 4 duże jajka
- 1 szklanka sosu karmelowego
- Pokruszone precle do dekoracji
- Sól morska do posypania

INSTRUKCJE:
a) Rozgrzej piekarnik do 200°C i wyłóż blachę do pieczenia papierem pergaminowym.
b) W rondlu zagotuj wodę i masło. Dodajemy mąkę i mieszamy, aż powstanie gładkie ciasto.
c) Zdjąć z ognia i pozostawić do ostygnięcia na kilka minut. Dodawaj jajka, jedno po drugim, dobrze ubijając po każdym dodaniu.
d) Ciasto przełożyć do rękawa cukierniczego i wyciskać małe kopczyki na blachę do pieczenia. Piec przez 20-25 minut lub do złotego koloru.
e) Profiteroles przekrój na pół, polej sosem karmelowym i posyp pokruszonymi preclami.
f) Na wierzchu ułóż drugą połowę profiteroli i skrop dodatkowym sosem karmelowym. Na koniec posyp solą morską.

83. Profiteroles z pesto i parmezanem

SKŁADNIKI:
- 1 szklanka wody
- 1/2 szklanki niesolonego masła
- 1 Mąkę o wszechstronnym przeznaczeniu
- 4 duże jajka
- 1/2 szklanki startego parmezanu
- 1/4 szklanki pesto bazyliowego
- Świeże liście bazylii do dekoracji

INSTRUKCJE:
a) Rozgrzej piekarnik do 200°C i wyłóż blachę do pieczenia papierem pergaminowym.
b) W rondlu zagotuj wodę i masło. Dodajemy mąkę i mieszamy, aż powstanie gładkie ciasto.
c) Zdjąć z ognia i pozostawić do ostygnięcia na kilka minut. Dodawaj jajka, jedno po drugim, dobrze ubijając po każdym dodaniu.
d) Ciasto przełożyć do rękawa cukierniczego i wyciskać małe kopczyki na blachę do pieczenia. Piec przez 20-25 minut lub do złotego koloru.
e) W misce wymieszaj parmezan i pesto bazyliowe, aż dobrze się połączą.
f) Profiteroles przekrój na pół, napełnij pesto i parmezanem i udekoruj świeżymi liśćmi bazylii.

84. Profiteroles w misce z masłem orzechowym

SKŁADNIKI:
- 1 szklanka wody
- 1/2 szklanki niesolonego masła
- 1 Mąkę o wszechstronnym przeznaczeniu
- 4 duże jajka
- 1 szklanka ganache czekoladowego
- 1/2 szklanki masła orzechowego
- Kubki posiekanego masła orzechowego do dekoracji

INSTRUKCJE:

a) Rozgrzej piekarnik do 200°C i wyłóż blachę do pieczenia papierem pergaminowym.
b) W rondlu zagotuj wodę i masło. Dodajemy mąkę i mieszamy, aż powstanie gładkie ciasto.
c) Zdjąć z ognia i pozostawić do ostygnięcia na kilka minut. Dodawaj jajka, jedno po drugim, dobrze ubijając po każdym dodaniu.
d) Ciasto przełożyć do rękawa cukierniczego i wyciskać małe kopczyki na blachę do pieczenia. Piec przez 20-25 minut lub do złotego koloru.
e) Profiteroles przekrój na pół, napełnij łyżką masła orzechowego i posyp czekoladowym ganache.
f) Udekoruj posiekanymi pucharkami masła orzechowego.

85. Profiteroles w karmelowym espresso

SKŁADNIKI:

- 1 szklanka wody
- 1/2 szklanki niesolonego masła
- 1 Mąkę o wszechstronnym przeznaczeniu
- 4 duże jajka
- 1 szklanka sosu karmelowego
- 1 łyżka rozpuszczalnego espresso w proszku
- Bita śmietana do posypania

INSTRUKCJE:

a) Rozgrzej piekarnik do 200°C i wyłóż blachę do pieczenia papierem pergaminowym.
b) W rondlu zagotuj wodę i masło. Dodajemy mąkę i mieszamy, aż powstanie gładkie ciasto.
c) Zdjąć z ognia i pozostawić do ostygnięcia na kilka minut. Dodawaj jajka, jedno po drugim, dobrze ubijając po każdym dodaniu.
d) Ciasto przełożyć do rękawa cukierniczego i wyciskać małe kopczyki na blachę do pieczenia. Piec przez 20-25 minut lub do złotego koloru.
e) Zmieszaj proszek espresso instant z sosem karmelowym.
f) Profiteroles przekrój na pół, polej sosem karmelowym espresso i na wierzch połóż bitą śmietanę.

86. Lody Profiteroles

SKŁADNIKI:
- ¼ szklanki (½ kostki) niesolonego masła
- ½ łyżeczki cukru
- ⅛ łyżeczki soli
- ½ szklanki mąki uniwersalnej
- 2 duże jajka
- Lody waniliowe

NA SOS KRÓWKOWY
- ¼ szklanki) cukru
- ¾ szklanki niesłodzonego kakao
- ½ szklanki gęstej śmietanki
- 3 łyżki masła
- 1 łyżeczka ekstraktu waniliowego
- Szczypta soli

INSTRUKCJE:

a) Rozgrzej piekarnik do 425°F. Dwie blachy do pieczenia wyłóż pergaminem.
b) W małym rondlu na dużym ogniu zagotuj ½ szklanki wody, masło, cukier i sól. Natychmiast zdjąć z ognia i drewnianą łyżką wymieszać z mąką. Kontynuuj mieszanie, aż mieszanina zacznie odchodzić od boków patelni, około 30 sekund. Pozostawić do ostygnięcia 2 min.
c) Dodawaj po jednym jajku, mieszając po każdym, aż ciasto się połączy.
d) Na blachę do pieczenia nakładać lekko zaokrąglone łyżeczki ciasta w odstępach 1 cala. Wygładź spiczaste szczyty mokrym palcem.
e) Piec 10 minut, następnie zmniejszyć temperaturę piekarnika do 150°F i piec na złoty kolor, jeszcze 10 do 12 minut. Studzimy na metalowych stojakach. Przechowywać w szczelnym pojemniku do momentu podania.
f) Odetnij wierzchołki i wypełnij lodami. Włóż cztery lub pięć ciastek do każdej miski i skrop ciepłym sosem czekoladowym.

NA SOS KRÓWKOWY

g) W małym rondlu wymieszaj cukier i niesłodzone kakao. Wymieszaj ciężką śmietanę i masło.
h) Doprowadzić do wrzenia, ciągle mieszając, na średnim ogniu; gotować 30 sek. Zdjąć z ognia i wymieszać z ekstraktem waniliowym i szczyptą soli.
i) Podawać natychmiast lub ostudzić i przechowywać w lodówce w szczelnym pojemniku do 1 miesiąca. Przed podaniem podgrzej ponownie na małym ogniu.

87. Profiteroles na Rocky Road

SKŁADNIKI:
PÂTE À CHOUX CZEKOLADOWY:
- 3/4 szklanki mąki uniwersalnej
- 1 łyżka niesłodzonego kakao
- 6 łyżek niesolonego masła, pokrojonego na 6 kawałków
- 1 łyżka cukru
- 1/4 łyżeczki soli kuchennej
- 3/4 szklanki wody
- 1 łyżeczka ekstraktu czekoladowego, opcjonalnie
- 3 duże jajka w temperaturze pokojowej
- 3-1/4 szklanki lodów Rocky Road

polewa lodowa marshmallow:
- 1 (7 uncji) słoik kremu piankowego
- 1 łyżka masła
- 1 łyżka gęstej śmietanki lub mleka
- mini kawałki czekolady (lub ulubiona drobno posiekana czekolada)
- krojone migdały

INSTRUKCJE:
a) Rozgrzej piekarnik do 425°F.
b) Blachę do pieczenia lekko natłuszczamy lub wykładamy papierem pergaminowym. Jeśli chcesz, umieść szablon profiterole z bloga Barbary pod pergaminem.
c) Mąkę i kakao przesiać, odstawić.
d) Zagotuj masło, cukier, sól i 3/4 szklanki wody w 3-litrowym rondlu na średnim ogniu, od czasu do czasu mieszając. Natychmiast zdejmij z ognia i szybko wymieszaj mieszaninę mąki na raz. Wróć do ognia i mieszaj drewnianą łyżką przez 1 do 2 minut lub do momentu, aż ciasto będzie gładkie i utworzy kulę. Ciasto przełożyć do miski miksera elektrycznego i pozostawić do ostygnięcia na 5 minut.
e) W razie potrzeby dodać ekstrakt czekoladowy. Dodawaj jajka, jedno po drugim, ubijaj, aż mieszanina będzie gładka i błyszcząca. Ciasto przełożyć łyżką do rękawa cukierniczego z końcówką lub za pomocą łyżki do lodów nabierać ciasto.
f) Wyciśnij ciasto na przygotowane blachy do pieczenia w 2-calowe rundy (2-calowe wysokie). Zwilżonym palcem wygładź szczyty i zaokrąglone szczyty.

g) Piec w temperaturze 200°F przez 5 minut, zmniejszyć temperaturę piekarnika do 350°F i piec 30 minut. Wyłącz piekarnik, pozostaw muszle w zamkniętym piekarniku na 10 minut. Wyjmij z blach do pieczenia na kratkę i całkowicie ostudź.

h) Profiteroles przekrój poziomo na pół. Nałóż 1/4 szklanki lodów na dolne połówki; przykryć pozostałymi połówkami. Przykryj i zamroź, aż będzie gotowy do podania. Polej polewą z lodów marshmallow, a tuż przed podaniem posyp czekoladą i migdałami.

PRZYGOTOWANIE polewy lodowej z pianki marshmallow:

i) Połącz krem marshmallow, masło i gęstą śmietanę lub mleko w misce nadającej się do kuchenki mikrofalowej.

j) Włącz kuchenkę mikrofalową na poziomie WYSOKIM przez 30 sekund lub do momentu, aż mieszanina będzie gładka i kremowa.

88. Profiteroles z kwiatu pomarańczy i białej czekolady

SKŁADNIKI:
- 1 szklanka wody
- 1/2 szklanki niesolonego masła
- 1 Mąkę o wszechstronnym przeznaczeniu
- 4 duże jajka
- 1 szklanka roztopionej białej czekolady
- 1 szklanka gęstej śmietanki
- 1 łyżeczka wody z kwiatu pomarańczy
- Skórka pomarańczowa do dekoracji

INSTRUKCJE:

a) Rozgrzej piekarnik do 200°C i wyłóż blachę do pieczenia papierem pergaminowym.

b) W rondlu zagotuj wodę i masło. Dodajemy mąkę i mieszamy, aż powstanie gładkie ciasto.

c) Zdjąć z ognia i pozostawić do ostygnięcia na kilka minut. Dodawaj jajka, jedno po drugim, dobrze ubijając po każdym dodaniu.

d) Ciasto przełożyć do rękawa cukierniczego i wyciskać małe kopczyki na blachę do pieczenia. Piec przez 20-25 minut lub do złotego koloru.

e) Zanurzaj wierzchołki profiteroles w roztopionej białej czekoladzie.

f) W misce ubij śmietankę i dodaj wodę z kwiatu pomarańczy. Napełnij profiteroles kremem z kwiatów pomarańczy i udekoruj skórką pomarańczową.

89. Profiteroles chrupiące toffi

SKŁADNIKI:
- 1 szklanka wody
- 1/2 szklanki niesolonego masła
- 1 Mąkę o wszechstronnym przeznaczeniu
- 4 duże jajka
- 1 szklanka kawałków toffi
- Sos karmelowy do polania
- Bita śmietana do posypania

INSTRUKCJE:
a) Rozgrzej piekarnik do 200°C i wyłóż blachę do pieczenia papierem pergaminowym.
b) W rondlu zagotuj wodę i masło. Dodajemy mąkę i mieszamy, aż powstanie gładkie ciasto.
c) Zdjąć z ognia i pozostawić do ostygnięcia na kilka minut. Dodawaj jajka, jedno po drugim, dobrze ubijając po każdym dodaniu.
d) Ciasto przełożyć do rękawa cukierniczego i wyciskać małe kopczyki na blachę do pieczenia. Piec przez 20-25 minut lub do złotego koloru.
e) Profiteroles przekrój na pół, napełnij kawałkami toffi i skrop sosem karmelowym.
f) Na wierzch połóż kleks bitej śmietany.

90. Klasyczne karmelowe Profiteroles

SKŁADNIKI:

- 1 szklanka wody
- 1/2 szklanki niesolonego masła
- 1 Mąkę o wszechstronnym przeznaczeniu
- 4 duże jajka
- 1 szklanka sosu karmelowego (kupnego lub domowego)
- Cukier puder do posypania

INSTRUKCJE:

a) Rozgrzej piekarnik do 200°C i wyłóż blachę do pieczenia papierem pergaminowym.
b) W rondlu zagotuj wodę i masło. Dodajemy mąkę i mieszamy, aż powstanie gładkie ciasto.
c) Zdjąć z ognia i pozostawić do ostygnięcia na kilka minut. Dodawaj jajka, jedno po drugim, dobrze ubijając po każdym dodaniu.
d) Ciasto przełożyć do rękawa cukierniczego i wyciskać małe kopczyki na blachę do pieczenia. Piec przez 20-25 minut lub do złotego koloru.
e) Profiteroles przekrój na pół, każdy obficie napełnij sosem karmelowym, a wierzch posyp cukrem pudrem.

91. Profiteroles z orzechowym karmelem

SKŁADNIKI:
- 1 szklanka wody
- 1/2 szklanki niesolonego masła
- 1 Mąkę o wszechstronnym przeznaczeniu
- 4 duże jajka
- 1 szklanka gęstej śmietanki
- 1/2 szklanki sosu karmelowego
- Posiekane orzechy włoskie do dekoracji

INSTRUKCJE:
a) Rozgrzej piekarnik do 200°C i wyłóż blachę do pieczenia papierem pergaminowym.
b) W rondlu zagotuj wodę i masło. Dodajemy mąkę i mieszamy, aż powstanie gładkie ciasto.
c) Zdjąć z ognia i pozostawić do ostygnięcia na kilka minut. Dodawaj jajka, jedno po drugim, dobrze ubijając po każdym dodaniu.
d) Ciasto przełożyć do rękawa cukierniczego i wyciskać małe kopczyki na blachę do pieczenia. Piec przez 20-25 minut lub do złotego koloru.
e) W misce ubij gęstą śmietanę, aż powstanie sztywna piana. Skropić sosem karmelowym i delikatnie wymieszać do połączenia.
f) Profiteroles przekrój na pół, napełnij kremem karmelowym i posyp posiekanymi orzechami włoskimi.

92. Profiteroles z czekolady pomarańczowej

SKŁADNIKI:

- 1 szklanka wody
- 1/2 szklanki niesolonego masła
- 1 Mąkę o wszechstronnym przeznaczeniu
- 4 duże jajka
- 1 szklanka posiekanej ciemnej czekolady
- 1/2 szklanki gęstej śmietanki
- Skórka z 1 pomarańczy
- Kandyzowana skórka pomarańczowa do dekoracji

INSTRUKCJE:

a) Rozgrzej piekarnik do 200°C i wyłóż blachę do pieczenia papierem pergaminowym.
b) W rondlu zagotuj wodę i masło. Dodajemy mąkę i mieszamy, aż powstanie gładkie ciasto.
c) Zdjąć z ognia i pozostawić do ostygnięcia na kilka minut. Dodawaj jajka, jedno po drugim, dobrze ubijając po każdym dodaniu.
d) Ciasto przełożyć do rękawa cukierniczego i wyciskać małe kopczyki na blachę do pieczenia. Piec przez 20-25 minut lub do złotego koloru.
e) W żaroodpornej misce połącz posiekaną gorzką czekoladę, gęstą śmietankę i skórkę pomarańczową. Rozpuścić razem, aż będzie gładkie.
f) Profiteroles przekrój na pół, napełnij ganache z pomarańczowej czekolady i udekoruj kandyzowaną skórką pomarańczową.

93. Solony Karmel i Pecan Profiteroles

SKŁADNIKI:
- 1 szklanka wody
- 1/2 szklanki niesolonego masła
- 1 Mąkę o wszechstronnym przeznaczeniu
- 4 duże jajka
- 1 szklanka solonego sosu karmelowego
- Posiekane orzechy pekan do dekoracji

INSTRUKCJE:

a) Rozgrzej piekarnik do 200°C i wyłóż blachę do pieczenia papierem pergaminowym.

b) W rondlu zagotuj wodę i masło. Dodajemy mąkę i mieszamy, aż powstanie gładkie ciasto.

c) Zdjąć z ognia i pozostawić do ostygnięcia na kilka minut. Dodawaj jajka, jedno po drugim, dobrze ubijając po każdym dodaniu.

d) Ciasto przełożyć do rękawa cukierniczego i wyciskać małe kopczyki na blachę do pieczenia. Piec przez 20-25 minut lub do złotego koloru.

e) Profiteroles przekrój na pół, polej solonym sosem karmelowym i posyp posiekanymi orzechami pekan.

94. Profiteroles z karmelowo-jabłkowym

SKŁADNIKI:

- 1 szklanka wody
- 1/2 szklanki niesolonego masła
- 1 Mąkę o wszechstronnym przeznaczeniu
- 4 duże jajka
- 1 szklanka sosu karmelowego
- 2 jabłka, obrane i pokrojone w kostkę
- Cynamon do posypania

INSTRUKCJE:

a) Rozgrzej piekarnik do 200°C i wyłóż blachę do pieczenia papierem pergaminowym.
b) W rondlu zagotuj wodę i masło. Dodajemy mąkę i mieszamy, aż powstanie gładkie ciasto.
c) Zdjąć z ognia i pozostawić do ostygnięcia na kilka minut. Dodawaj jajka, jedno po drugim, dobrze ubijając po każdym dodaniu.
d) Ciasto przełożyć do rękawa cukierniczego i wyciskać małe kopczyki na blachę do pieczenia. Piec przez 20-25 minut lub do złotego koloru.
e) Profiteroles przekrój na pół, polej sosem karmelowym i posyp pokrojonymi w kostkę jabłkami. Posyp cynamonem.

95. Czekoladowy Karmelowy Precel Profiteroles

SKŁADNIKI:
- 1 szklanka wody
- 1/2 szklanki niesolonego masła
- 1 Mąkę o wszechstronnym przeznaczeniu
- 4 duże jajka
- 1 szklanka sosu karmelowego
- 1 szklanka ganache czekoladowego
- Pokruszone precle do dekoracji

INSTRUKCJE:
a) Rozgrzej piekarnik do 200°C i wyłóż blachę do pieczenia papierem pergaminowym.
b) W rondlu zagotuj wodę i masło. Dodajemy mąkę i mieszamy, aż powstanie gładkie ciasto.
c) Zdjąć z ognia i pozostawić do ostygnięcia na kilka minut. Dodawaj jajka, jedno po drugim, dobrze ubijając po każdym dodaniu.
d) Ciasto przełożyć do rękawa cukierniczego i wyciskać małe kopczyki na blachę do pieczenia. Piec przez 20-25 minut lub do złotego koloru.
e) Profiteroles przekrój na pół, polej sosem karmelowym i posyp czekoladowym ganache. Na wierzchu posypujemy pokruszonymi preclami.

96. Profiteroles z miodem lawendowym

SKŁADNIKI:

- 1 szklanka wody
- 1/2 szklanki niesolonego masła
- 1 Mąkę o wszechstronnym przeznaczeniu
- 4 duże jajka
- 1 szklanka bitej śmietany
- 2 łyżki miodu lawendowego
- Świeża lawenda do dekoracji

INSTRUKCJE:

a) Rozgrzej piekarnik do 200°C i wyłóż blachę do pieczenia papierem pergaminowym.

b) W rondlu zagotuj wodę i masło. Dodajemy mąkę i mieszamy, aż powstanie gładkie ciasto.

c) Zdjąć z ognia i pozostawić do ostygnięcia na kilka minut. Dodawaj jajka, jedno po drugim, dobrze ubijając po każdym dodaniu.

d) Ciasto przełożyć do rękawa cukierniczego i wyciskać małe kopczyki na blachę do pieczenia. Piec przez 20-25 minut lub do złotego koloru.

e) W misce ubić śmietanę, aż powstanie sztywna piana. Delikatnie dodaj miód lawendowy.

f) Profiteroles przekrój na pół, napełnij kremem lawendowo-miodowym i udekoruj świeżą lawendą.

97. Profiteroles z wodą różaną i pistacjami

SKŁADNIKI:
- 1 szklanka wody
- 1/2 szklanki niesolonego masła
- 1 Mąkę o wszechstronnym przeznaczeniu
- 4 duże jajka
- 1 szklanka gęstej śmietanki
- 2 łyżki wody różanej
- Pokruszone pistacje do dekoracji

INSTRUKCJE:
a) Rozgrzej piekarnik do 200°C i wyłóż blachę do pieczenia papierem pergaminowym.
b) W rondlu zagotuj wodę i masło. Dodajemy mąkę i mieszamy, aż powstanie gładkie ciasto.
c) Zdjąć z ognia i pozostawić do ostygnięcia na kilka minut. Dodawaj jajka, jedno po drugim, dobrze ubijając po każdym dodaniu.
d) Ciasto przełożyć do rękawa cukierniczego i wyciskać małe kopczyki na blachę do pieczenia. Piec przez 20-25 minut lub do złotego koloru.
e) W misce ubij gęstą śmietanę, aż powstanie sztywna piana. Delikatnie dodaj wodę różaną.
f) Profiteroles przekrój na pół, napełnij kremem z wody różanej i posyp pokruszonymi pistacjami.

98. Profiteroles z rumu i kokosa

SKŁADNIKI:

- 1 szklanka wody
- 1/2 szklanki niesolonego masła
- 1 Mąkę o wszechstronnym przeznaczeniu
- 4 duże jajka
- 1 szklanka kremu kokosowego
- 1/4 szklanki pikantnego rumu
- wiórki kokosowe do dekoracji

INSTRUKCJE:

a) Rozgrzej piekarnik do 200°C i wyłóż blachę do pieczenia papierem pergaminowym.
b) W rondlu zagotuj wodę i masło. Dodajemy mąkę i mieszamy, aż powstanie gładkie ciasto.
c) Zdjąć z ognia i pozostawić do ostygnięcia na kilka minut. Dodawaj jajka, jedno po drugim, dobrze ubijając po każdym dodaniu.
d) Ciasto przełożyć do rękawa cukierniczego i wyciskać małe kopczyki na blachę do pieczenia. Piec przez 20-25 minut lub do złotego koloru.
e) W misce wymieszaj śmietankę kokosową i przyprawiony rum, aż dobrze się połączą.
f) Profiteroles przekrój na pół, wypełnij kremem kokosowym z dodatkiem rumu i posyp wiórkami kokosowymi.

99. Profiteroles z karmelem i orzechami chipotle

SKŁADNIKI:
- 1 szklanka wody
- 1/2 szklanki niesolonego masła
- 1 Mąkę o wszechstronnym przeznaczeniu
- 4 duże jajka
- 1 szklanka sosu karmelowego
- 1-2 łyżeczki proszku chipotle (dostosuj do smaku)
- Posiekane orzechy pekan do dekoracji

INSTRUKCJE:
a) Rozgrzej piekarnik do 200°C i wyłóż blachę do pieczenia papierem pergaminowym.
b) W rondlu zagotuj wodę i masło. Dodajemy mąkę i mieszamy, aż powstanie gładkie ciasto.
c) Zdjąć z ognia i pozostawić do ostygnięcia na kilka minut. Dodawaj jajka, jedno po drugim, dobrze ubijając po każdym dodaniu.
d) Ciasto przełożyć do rękawa cukierniczego i wyciskać małe kopczyki na blachę do pieczenia. Piec przez 20-25 minut lub do złotego koloru.
e) W misce wymieszaj sos karmelowy i proszek chipotle, aż dobrze się połączą.
f) Profiteroles przekrój na pół, polej sosem karmelowym chipotle i posyp posiekanymi orzechami pekan.

100. Habanero Mango Bita Śmietana Profiteroles

SKŁADNIKI:
- 1 szklanka wody
- 1/2 szklanki niesolonego masła
- 1 Mąkę o wszechstronnym przeznaczeniu
- 4 duże jajka
- 1 szklanka gęstej śmietanki
- 1 dojrzałe mango, pokrojone w kostkę
- Drobno posiekana papryczka habanero do smaku

INSTRUKCJE:
a) Rozgrzej piekarnik do 200°C i wyłóż blachę do pieczenia papierem pergaminowym.
b) W rondlu zagotuj wodę i masło. Dodajemy mąkę i mieszamy, aż powstanie gładkie ciasto.
c) Zdjąć z ognia i pozostawić do ostygnięcia na kilka minut. Dodawaj jajka, jedno po drugim, dobrze ubijając po każdym dodaniu.
d) Ciasto przełożyć do rękawa cukierniczego i wyciskać małe kopczyki na blachę do pieczenia. Piec przez 20-25 minut lub do złotego koloru.
e) W misce ubij gęstą śmietanę, aż powstanie sztywna piana. Delikatnie wymieszaj z pokrojonym w kostkę mango i drobno posiekaną papryką habanero.
f) Profiteroles przekrój na pół, wypełnij pikantną bitą śmietaną z mango i przykryj drugą połową.

WNIOSEK

W „KRONIKI KREMOWEGO PUDU" zgłębialiśmy sztukę robienia kremowych ptysiów od podstaw po niezwykłe. Dzięki 100 przepisom krok po kroku posiadasz teraz wiedzę i umiejętności potrzebne do przygotowania tych pysznych smakołyków. Niezależnie od tego, czy pieczesz na specjalną okazję, czy po prostu chcesz zaspokoić swój apetyt na słodycze, ta książka zapewniła Ci skarbnicę ciasteczek z kremem.

Od klasycznych ptysiów wypełnionych kremem waniliowym po innowacyjne kombinacje smaków i unikalne wzory – Twoja podróż z kremem dopiero się zaczyna. Mam nadzieję, że przepisy i techniki tu udostępniane staną się źródłem inspiracji i kanwą dla Twojej kulinarnej kreatywności.

Przygotuj się więc do założenia fartucha, rozgrzej piekarnik i rozpocznij przygodę z ptysiami. „Kroniki Cream Puff" są Twoim towarzyszem, a radość z pieczenia i delektowania się tymi zachwycającymi wypiekami czeka na Ciebie. Ciesz się słodkimi nagrodami wynikającymi z nowo odkrytego mistrzostwa w ptysiach i niech Twoja kuchnia wypełni się zapachem świeżo upieczonego ciasta parzonego na wiele kolejnych kulinarnych przygód.

Printed by BoD in Norderstedt, Germany